中国当代艺术家画传
主编 食指 许江 撰文 王鲁湘等

TONG ZHEN GANG
童 振 刚
FLOW WITH DUST
和光同尘

序言一

　　如此规模地组织当代重要诗人写画家介绍画作，不仅是一个创举，准确地说，是恢复了一座古老的文化桥梁，把诗人和画家传统意义上的朋友兼兄弟关系又建立起来。从文化的角度看，一批在汉语中成长的画家当然要用汉语的眼光来理解、认识、批判。

　　精神转化为产品，是时代的趋势，也是文明进步的表现。精神文明和物质文明按照各自的规律向前发展，它们并不同步，但在某一点上有时会达成平衡或统一。比如一幅画在一个家庭体现了双重价值。

　　但艺术品进入民间市场不应该是一件盲目的事情，必须建立良好的秩序，这需要时间和过程，重要的是需要一批人为此付出努力。首先就是要培养大家的感受力和鉴赏力，逐渐让更多的人知道什么是有生命力的作品，什么是传统和创新，怎么样的画才有价值，但这一切的前提是谁是一个真正优秀的画家。

　　通过人类学意义上人性最敏感的诗人，我们进入一个个画家的灵魂。他们有血有肉，有喜怒哀乐，有生老病死。大多地方他们也是普通人，而在某一处，他们显现了神奇的记忆。对一幅作品的评判首先是对一个人灵魂的拷问。

　　这套书的出版可喜可贺，它填补了一个空白，如此大面积的当代中国最优秀的诗人和最重要的画家在同时做着一件认真细致的工作。

　　我感谢他们!

食指

2006.8

Preface

For the first time, the most important contemporary Chinese poets are gathered together from all over the country to write about painters as well as their masterpieces. This large-scaled activity serves not only as a pioneering work, but a bridge through which the classic relationship of brotherhood between poets and painters is restored. Culturally speaking, painters raised in a Chinese-speaking environment will undoubtedly try to appreciate paintings with eyes peculiar to the Chinese.

To convert spiritual intelligence into tangible products is the current practice, which shows the progress of our civilization. Though both spiritual and material civilization advanced in their own orbit yet not synchronically, the point will somehow be arrived at when balance or unity is reached between them. A painting hanging in a room is just an example to the point, which demonstrates the above-mentioned double values for a family.

But art works should never hit market blindly. A fine order is a must, which requires time to develop, and most of all, efforts devoted by lots of people. To begin with, we should nurture people s sensibility and the ability to appreciate. Gradually, we must let more to discern what a lasting art work is, what tradition and creation are, and what a valuable painting is. But all of these are possible only when the precondition is satisfied, that is, there lives a real excellent painter.

Anthropologically, poets, through whom we may enter into painters souls, are the most sensitive to human nature. They are mostly ordinary mortal people of flesh and blood, whose lives are also full of joys and sorrows. But in one particular place, they, somehow, display their unique wizardly power to see A to Z of all details of everything and express them without any omission, which can be briefly said as the unique combination of his emotion, imagination, intellect and intuition. Therefore, for a poet to pass his judgments on to a piece of art work, he has to be first all of put to the torture of his soul.

The publication of this set of books is a delightful event, for it fills up the gaps, and gathers together nationwide the most excellent poets and important painters to be painstaking with the common task.

I hereby give my thanks to all of them!

By Shi Zhi August,2006

序言二

西汉扬雄曰："言，心声也。"诗与画都从于心。

今天，我们带着一颗诚挚的心在这里相会。

"似曾相识燕归来"。我们在这里，诗与画在这里，找寻彼此相识相知的气息和心迹，并以此去召唤真正富于诗性和画意的生活。

诗人不是一种职业，也不是一种社会阶层。诗人是一种灵魂的类型。这种灵魂总在漂泊，居无定所，并总是从躯体上抽离出去，在遥远的地平线上回望自己，返观自照。诗人总是在远方看到了自己，看到了真正的生活，但是他却永远到不了那里去。并不是所有写诗的人都称得上诗人。许多从事别的行业的人们那里，却蕴含着诗性。真正的诗人在生活中。我们向真正的诗人们致敬！

我们所处的年代是一个缺少诗人却盛产歌星的年代。那歌总将诗的思想和激愤掷去，却将浮华张扬；我们所处的年代是一个将一切都插电的年代。诗言志的本色被淹没在世界的图化和碟化的绚烂之中，诗人的赤诚与明澈正面对着媒体独裁和技术优先的双重黑衣。

我们可以容忍没有诗，但我们不能容忍没有诗性的生活。我们可以容忍没有诗，但我们不能容忍将许多假象滥充为诗性。所以，我们走在一起，重新寻找诗的气息，重新寻找诗性和诗人的灵魂。

许江

2006.5

Preface

A well-known Chinese poet once said: Words are the voice of the heart, so are paintings. Also, our ancestors believed that both writings and paintings originate from our heart.

And today, with sincere hearts, we, poets and painters, are meeting here.

As one passage from a poem goes, "Swallows, like the ones I knew, return" . Like the swallows we are now here in search of a kind of feeling and atmosphere that are understood and familiar to us, in an attempt to call on a truly poetic and picturesque life.

Poet is neither an occupation, nor a social stratum. Poet is kind of an unsettled soul, always on the drift. Often it retires itself from the flesh body, and looks back on itself from the remote horizon. It s usually in the distance that poets find his true self, as well as true life, a place he can never reach. Not all that compose poems are poets; poets may also be found among people in all works of life. True poets hide themselves in our daily lives. Let s salute to all the true poets at present.

Ours is a time which lacks in poets and which produces too many popular stars, who, more often than not, cast away poetic thought and feelings, leaving only the vain glory. It s time in which everything is plugged in. The mission of the poetry to express one s ambitions has already been forgotten and lost in the false splendor of the madding world, and the loyalty and purity in poets are now faced with the double dark forces: media which dictates, and technology which is put on priority.

We can have no poems in our life, but we can never tolerate life without poetry or life permeated with pseudo-poetry. So, let 's be together, rediscovering the aroma of poems since forgotten, the poetry in our time and the soul of the poets.

By Xu Jiang May,2006

目 录

童振刚
当代艺术家。1959年生于新疆。
曾就读于北京解放军艺术学院、
中央美术学院。
曾执教于北京语言文化大学艺术系。

王鲁湘
清华大学美术学院任教授、博导，
香港凤凰卫视高级策划、主持人。

贾方舟
艺术评论家、策展人。

黄笃
中央美术学院博士，
艺术评论家、策展人。

杨卫
艺术评论家、策展人。

高岭
中央美术学院博士、艺术评论家。

张朝晖
中央美术学院博士，
艺术评论家、策展人。

朱小钧
中央美术学院硕士，
中国文化报美术部副主任，
艺术评论家。

盛葳
中央美术学院博士，
艺术评论家。

刘礼宾
中央美术学院博士，
艺术评论家。

连冕
清华美术学院博士，
艺术评论家。

王雪芹
《艺术地图》执行主编。

和光同尘
——童振刚绘画表情与状态的世俗意义

王鲁湘

有人说童振刚一直在变。确实，如果拿他同那些与他同龄又起步相同的画家相比，他真的是三年一小变，五年一大变。看看那些人，画新文人画的还在那儿玩小笔墨感觉，还在那儿画几个散淡的畸人；画现代水墨的还在那儿搞水墨抽象构成；也有人玩不下去了，于是就琢磨流行风尚，一会儿东一会儿西，就像房顶上的风向标，把自己都转晕了。唯有童振刚是个例外。他变，但却有节奏地变，一个阶段一个阶段地变，既有所继承又有所创新地变。他对自己不搞艺术革命，只搞改良和维新，他的变化从不会让熟悉他进程的人吓一跳，却会使很长时期没追踪过他的人吃一惊。

他刚来北京加入一个圈子，不加入圈子是闲云野鹤，在这个地方生存下来比较困难，当时就进入了个新文人画的圈子。那时我编《中国画年鉴》，正好是新文人画在北京活动最为频繁的一个时候。我也是那时开始认识他，我对他说：你跟这圈子没什么共同性，你只是要找到组织，找到队伍才进去的。新文人画在某种意义上是对 85 新潮、全盘西化、全盘现代化的一个反动，有一种对文化主体意识的朦胧自觉，希望回到自己古典的价值上去。在他们看来我们的古典价值还没有被真正认识就被我们抛弃了。这批人提醒我们应该以更主体的立场去认识我们从什么地方来。但是新文人画在这点上又走到了一个偏差：他们过多地停留在明末文人玩世的心态。这当然也有它当下的历史合理性。中国艺术自从进入 20 世纪以后，在特定的历史时期，曾更多地去为政治服务，因此它承载了太多的和艺术无关的责任义务，因此所有的画家在这种语境中就特别紧张，少有个人的自我，只有一个民族、国家、集体的人格，他自觉地去充当一个工具，完成这个集体交给他的宣传任务，所以所有的作品都呈现出这种内在的紧张性。新文人画认为，艺术如果想要回到它正常的那个位置上，首先艺术家要回到一个正常的状态。这个状态就不能是一种政治工具的状态，不能是一种为什么服务的状态，不能是一种紧张的害怕犯错的状态，它必须回到自我，在自我的世界中间，然后，放松自己。所以新文人画当时集体呈现出这种面貌，也是对当时主流意识形

态的反省。和"85 新潮"的目标一样，都是要解构这几十年以来，在意识形态之下形成的工具性的艺术状态。童振刚进入这个群体以后也画了大量古代的男男女女，人物大多没有五官，黄色土豆，七窍未开。五官都无，表情遑论。所以他笔下的高士只有身体语言，或坐或立，无所事事的样子。总之只有一种状态，行尸走肉的状态。这批作品一般都以小品画的样式出现，团扇、折扇，或不规则几何形，都很小，很多人都认为是童振刚的游戏之作，故而画里边深藏着的那种状态感，便没有引起人们的关注，包括我本人在内。

我唯一看出他当初的一种追求是一种形式意义上的，是在一个小空间里面来实现一些构成性的东西。当然他也讲究用笔的放松，包括人物造型的放松，消解了人物的五官也是不想告诉人们我有什么追求，和我想为谁服务。在当时的情况下，取消意义，也是一种解构。我们过去对美术最强的约束和教条就是：你的画要有意义。这句话好像不过分，但它变成一种教条，变成一种必须的时候，它就使画家紧张起来，使画家突然觉得我要去为什么服务，然后把自己变成一个工具。因此要破解这个逻辑链，就是做一种无意义的绘画。当时情况下需要有一些画家来做意义的消解，才让大家知道原来可以这么画画，这样画画也没什么错。不需要去为祖国、为人民、为无产阶级的解放而拿起画笔，消除了心中的罪恶感。

有了这种意义的消解以后，才慢慢的有另外一种精神状态的出现。就是我画什么，不画什么与别人何干？画家有了这种大无畏的精神之后，中国美术的生态环境就不得不跟着改变了。中国美术的语境变化，在 20 世纪经历过几次大转换，而以 80 年代迄今的这 30 年的转换较为剧烈，正好同前一个 30 年形成反拨。前一个 30 年是以革命的雷霆之力，而行之以思想改造的霹雳手段，艺术家不再以自由职业的身份出现在社会上，艺术品也不再以商品的形式进入市场，艺术家和他的创作，都成为国家（更准确地说：党）的事业的组成部分。80 年代以后，有一些青年艺术家出于种种原因，开始逸出这个铁桶一般的组织，自我放逐，自觉边缘化，抛开以前隶属的种种社会关系，也就是抛开以前束缚自我的种种枷锁，来到北京的城郊结合部，聚族而居，形成 些松散的吉普赛人式的艺术部落，以一种自由人的身份，重新定义艺术的本质。这在当时被认为是反体制的行为，因而也就遭到了体制化的排斥甚至打压。有压迫就有反抗。现在来看"85新潮"的作品，那么强烈的反抗意识让令人惊讶。但是，如果把"85新潮"艺术家们的反抗仅仅理解为对现实压迫的抗争，那也就低估了"85新潮"的革命性和时代意义。事实上，那一代人，特别是那一批从体制里自觉逸出来的自由艺术家，他们所要反抗的是一个由体制塑造的整体性的国民人格，或者说体制性人格，体制化人格，人格的体制化。他们自己曾经也无法逃脱这种体制化人格的影响，自从我反省意识到这种体制化人格在国民身上无时无处不在，在自己身上也如影随形，盎于背，粹于面，举手投足，一颦一笑，都看见这个体制化人格的嘴脸。他们不是某一个人，而是包括自己在内的我们全体。你无法把子弹射向某一个人，某一群人，或某一个历史事件，你只能把子弹射给"我"的复数，或者一个被选来作符号的"肖像"的复数。因此，张晓刚、王广义、方力钧、岳敏君就成了反讽、消解、抵抗、追悼这种体制化人格的代表性艺术家。方力钧、岳敏君以"我"的复数作为体制化人格的象征，张晓刚从家庭影相作为符号，王广义以毛与大批判的图像作为符号。

说到这些，其实是想说说童振刚那批最早创作的小品画。那些画中的人物都有一颗七窍未凿，五官全无的土豆脑袋，都身穿白色的长袍。现在来看，他们都应该是有指向的。如果当时童振刚能用现在这么大的油画布把它们制作成油画，我想，每一个观者和

童振刚和王鲁湘在香港国际艺术美术馆的个展上

评论家，大概都不会忽略掉这些形象所表达的意味。他们当然是一个"我"的复数，厕身于欲似复古的"新文人"画中，却浑浑沦沦，混混噩噩，面目不清。他们是谁？是古人吗？为何我们认不清他们的嘴脸？因为什么使得我们认不清他们的嘴脸？或因为什么他们失去了自己的嘴脸？我们如何同面目不清甚至没有嘴脸的人对话？童振刚创造的第一个形象本来应该获得解释学意义上的存在，但不知是由于他本人的无意还是批评家的粗心，竟然被完全忽略了。这当然与他站错队有关系，他不该站到"新文人画"里去；也不该用游戏笔墨画成一种文人把玩的小品。因为这些，会把观众和评论家导向一种无意义的笔墨游戏中去。

但是话说回来。如果我们一定要因为意义而把童振刚变成方力钧或岳敏君，那又错了。任何艺术家时代地位的确立，取决于他和当下意识形态的摩擦力，摩擦强度特别大的，会证明他是一个了不起的、走在时代前头的艺术家；完全没有摩擦会被艺术史所遗忘；完全正面顶撞会被牺牲掉。不是正面冲撞被消灭，而是侧身而过的摩擦，而且用力擦出了强烈的火花，这才有时代的意义，才是存在的价值。这种摩擦现在看起来，当时"85新潮"，现代绘画摩擦出的火花更强一些，所以他们现在在国际上的知名度，认可度也更高。

那么童振刚呢？他也是有摩擦的，但他的摩擦没那么强烈，这可能跟他个人的状态有关系。我一直认为童振刚是一个享乐主义者，他是一个快乐的流浪汉，他身上有着来自新疆旷野中间成长的人所具有的那种潇洒。他从小并不是生活在一个人口密度很大，人与人的人际关系很紧张的群体社会中间，所以他不可能去成为一个张晓刚、方力钧、岳敏君、

创作草图系列

王广义这样的画家。而且他身上有一种非常唯美的追求。这又和那种有一点审丑的当代艺术格格不入。

他的这种个性很难在这种时代语境中脱颖而出，但是很奇怪的是，他的东西在北京艺术圈里头也引起了别人的注意，许多的圈子都想拉他入伙。这说明了他的不可定位性。他的定位是很难精准化的，但很多人都喜欢他的东西。这就出现了一个理论上需要澄清的问题：人需要艺术作品，到底为什么？古典主义美学的回答很简单：美化我们的生活，陶冶我们的情感，我们对艺术的要求全是正面的。但是这些古典标准拿来衡量历史上的一些深刻作品，就显得有点捉襟见肘了。古典艺术中的一些深刻的作品给我们带来的感受并不是那么优美的，甚至是痛苦的。就可见人对艺术作品的精神需求还有更深刻的东西，只有这样才能符合我们人性的复杂性。人的潜意识中的阴暗面，强烈的冲突和欲望，这些在过去古典社会中被一些道德的东西压抑着，我们现代社会对人性有了更多的理解和宽容，对人性的自由追求有了更多正面的肯定，我们显然也会允许艺术来释放这些过去我们所认为黑暗的东西。那么，在这中间，我们大量的现代艺术作品，极其的丑陋，不堪入目，令人作呕，它挑战我们人类在接受上的一些极限：视觉、触觉、嗅觉、听觉，所有的感官极限、知性极限、理性极限。这种挑战常常是进三步退两步，但它最后是前进了一步，它使我们审美的疆域变得更广阔了。我们总是被这些先锋的艺术刺激得烦躁不安，然后我们对它加以否定，但是我们转过身来，发现自己已经前进了一步，我们的宽容，我们的忍受力，比过去前进了一步。这种情况下，最受益的是艺术家本人，因为他们的创作天地又宽阔了，自由度又提高了。因为文化的宽容度更大了。你无法想象，童振刚那些水墨的仕女画，如果往前提十年，是不可能被认可的。但是有这些现代艺术的拓展，使他的东西容易被接受。那么又过了十年，仅仅十年，他的东西现在看起来居然很古典。现在他画的这些大头娃娃，眯眼的女孩，男孩，你在过去无法想象，这不就是畸形吗？但从中间你感到一种韵味，一种趣味，谐而不谑。一点都不觉得他们难看，而且会感到他们很可爱。在这点上，我们要对先锋艺术表示感激，它在帮助大众拓展审美疆域。过去我们的审美疆域只有县城那么大，后来有省那么大，然后有国家那么大，最后有地球那么大，这不挺好吗？过去我们只能欣赏天堂里面的东西，后来我们慢慢能欣赏人间的东西，现在我们甚至能欣赏地狱里头的东西。有意思的是，有很短的一个时期，童振刚居然想去表现地狱。他用大块的板子调上浓浓的黑白颜料，画了一批类似"地狱变"的很恐怖很丑陋的东西。他请我去看，希望听到我肯定的声音，但是我让他失望了。

当时我就说，这不是你要走的路子。不管怎么说。不管怎么说，你一定不能忘记你骨子里是个什么样的人。你骨子里是个很爱美的人，很讲究打扮，追求奢华，每天都希望有美女簇拥着，你骨子里是这样的，你一定要去画这种丑陋的让自己痛苦也让别人痛苦的东西干什么？你丑也丑不过方力钧、岳敏君。包括变形，怪，你也变不过毕加索。而且最主要的是你想把自己打扮成，伪装成一个思想家的样子，不可笑吗？你在旷野中最想看到的就是人，尤其是女人，所以你看见人就亲，看见女人更亲，看见漂亮女人就亲得不行，不像别人，看见人就烦，看见中国人更烦，他们同社会的摩擦和冲突多强烈啊！他们一直被中国社会所拒绝，因为他们的作品确实触到了中国人的国民性中某些深刻的可怕的东西，那是又谐又谑啊！你来自新疆旷野中，这个社会在你的整个成长之中也从来没有对你产生过各种压迫，你和这个社会根本就没有过冲突，任何一个时期，任何一个地方，你都是和光同尘的，你思想什么啊？你能有什么批判性？所以说这不是你要走的路。

从根本上来说，你不是一个以思想性和批判性见长的艺术家，你的存在价值不体现在这里。你是画中国画出身的，又写书法又搞篆刻，你知道每一件中国书画都有"天然候款处"，你要找到属于你的那个"天然候款处"。

现代绘画在某种意义上就是符号的制造，谁能成功地制造一个符号，使之成为自己的一个标签，谁就能在当代艺术中占有一席之地。但是，一个真正能够具有历史意味的文化符号的创造，是踏破铁鞋无觅处，得来全不费工夫的。有那么多的画家，从圆

在法国巴黎创作石版画

在北京 798 艺术区仁艺
术中心个展览开幕现场

明园时代有多少啊，绞尽脑汁在寻找符号，找了多少年啊！费那么大的力气，没有找到，而方力钧这几个幸运的家伙，他们的幸运在于他们一开始就找到了，然后不断地对这个符号的内涵和外延进行拓展，形成一个符号的序列。最后，通过批评家和接受者的解释，成为一个解释学意义上的存在，而且只要把它的场景改变，把它的组合方式变化一下，又能产生一个新的语境，让我们有一个新的解读。

因此，他们的绘画是一种可以解读的绘画，而比较起来童振刚的绘画的解读性不是那么强，他的观赏性高于他的解读性。他的画一开始吸引我就是他的观赏性。

我固执地认为，一切形态的艺术，无论其载体是什么，一定有一种技艺上的难度让我们叹为观止，而不仅仅是其观念和想法让我们诧异和震惊。技艺的难度是观赏性的主要来源，观念和想法是解读性的主要来源。放弃或无视观赏性，是对艺术本体的伤害。童振刚从开始创作到现在，好在他没有片刻放弃或无视绘画的观赏性。他始终把观赏性放在头等重要的位置。

说道观赏性，可能是一个容易引发争论的话题。何谓观赏性？以谁的趣味为尺度？标准在哪里？都是些难以回答而且不容易取得共识的问题。而我有一个土办法，那就是：老手看微观，妇孺看宏观。

所谓"老手看微观"，是指行家里手看技术含量，也就是人们常说的功力，比如笔墨呀，色彩呀，结构呀，等等需要深入画里面的东西。

所谓"妇孺看宏观"，是指妇女儿童喜不喜欢。她们一般不是行家里手，凭直觉来决定自己的喜好，她们的观感一般不受艺术教条的左右，明心见性，直契良知。童振刚的画是妇孺喜欢的。中国的、外国的妇孺都喜欢，可见在宏观上是具有善变的观赏性的。

至于"老手看微观"，也就是看"内美"，我想先从他的水墨画说起——因为我至今以为他的水墨画的"内美"高于他的油画。

童振刚的作品目前市场上已经出现假的了，这说明一是值钱了，二是有市场需求了，所以才被贼惦记上。我先不说他的油画防伪性有多高，他的那一批水墨作品的防伪性还是很高的。他一

童振刚与王鲁湘在工作室对话

开始就给自己设置了一些防伪的技术含量的东西，仿造他作品的这个门坎还是比较高的。而且他的水墨作品是有一定劳动量的，并不是一挥而就或者很短时期就能完成的。所以他的作品有一定的技术含量，又有一定的劳动量在中间。这两点就使他的水墨作品和中国大多数人在做的水墨画拉开了距离。可能很多造他假的人都不会知道他用什么颜料，所以那些仿品一眼就能看出真伪来。很多人对现代实验水墨有误解，认为它是不要水墨的功底，只要胆子大，抢着就来了，敢招呼。可能有很多的人搞当代实验水墨是这么回事，在他们眼里笔墨确实等于零，他们多半玩的就是构成，黑白，然后意念这些东西。

但是童振刚的现代水墨是有笔墨的，而且是讲究笔墨的，这和他过去在书法上下的工夫是联系在一起的。不要说搞当代实验水墨的人，包括许多搞当代传统水墨的人书法都是不过关的，他们只是在美术学院里学了一些基本的造型，学了一些素描的东西，然后就开始在宣纸上头招呼起来了。至于中国绘画一定要讲究书画同源啊，讲究骨法用笔啊，线条一定要有弹性啊，线条一定要耐看啊，对墨和水一定要敏感啊，很多人不知道这些，他们也认为

童振刚的画大概也是不讲究这些东西的，所以往上招呼就是了。

实际上童振刚的这些水墨画至少首先它这根线是相当强的，它绝对是一种中锋用笔，而且是属于中锋用笔中那种平的用笔。很多人认为把一根线从头到尾画平了，好像是一件很简单的事情，但恰恰因为毛笔是一个软的东西，这就非常难了。写和画的概念不是一回事。因为童振刚的画里面基本是以线为骨架，他的那些形体，他的那些黑、白、灰的块面，是有相当的重量感的，特别他后来用一些其他的综合材料的东西弄到画面上以后，本身这一块黑，这一块灰在画面上是凸起来的，有肌理的，有重量感的，这重量感是必须通过他的这几根线把它支撑起来，因此如果这几根线站不住，那他的画面就站不住，他的画就立不起来。

童振刚的东西非常的厚重，虽然画的题材很轻柔，新的仕女画，但是他的画面给人感觉非常厚重，这一点恰恰是他和丁雄泉的一个很大的区别。他的画在墙上出现的时候其实给人一种雕塑感，这就把他的作品从相当多的实验水墨的作品中区分开来。比如说他的水墨画中，经常出现的大青花瓷瓶子，这个实际上完全是中国大

写意的东西，画中的人体往往是高度单纯的几根线条的组成，但这几根线条，你仔细看，其实做到了中锋用笔的一种很高境界：行无起止。可染先生生前经常说这句话，说石涛的用笔行无起止。上世纪40年代可染先生在重庆打进传统的时候其实主要是向石涛、八大学习，他一直想做到线条在纸上行无起止，没有起和止，这个东西说起来是一个很难理解的问题，一根线条总是有起有止的，但是真正好的有功力的线条就像大自然的行云流水一样没有起和止，不是像我们很多人理解的线条，起笔停停，落笔停停，小时候的书法老师不都教我们这么入门的吗？其实真正好的中锋用笔不是这样的。笔的第一要领就是平，平就是没有起止。童振刚在所有画里一直坚持用这种线条，基本属于平、留、圆、重、变，但是留也好、圆也好、重也好，变化也好，它的基础一定是平。平说明什么呢？平说明运笔的过程当中笔者的手是稳的，手之所以是稳的除了常年用毛笔的功力之外，更重要的是他当下的气息是平的，他的气息没有乱，气沉丹田，说明他是精力高度集中的，此时没有私心杂念，全部注意力都在这一笔，这一画上，这就说明其精神状态是最好的。它就是这

么一个道理，虽然古人不说明这个道理，但我们可以用现代的语言来解释为什么平就好，说明艺术家在当下的这一种写字和作画的状态是好的。

所以我们谈中国画的时候为什么讲笔墨，不仅仅它的观念、造型、色彩，一定要讲笔墨，从笔开始讲，因为我们的中国文化认为，所有的艺术劳动、艺术创作的过程，是身体和心理达到最佳共鸣的一种状态。它必须是这种状态留下的一个痕迹，它才好。我们永远不能离开这种状态，来孤立地谈这个作品本身。这就是中国书画同西方绘画的最大不同。因为我们所有的文化都认为，人做任何事情，到最后无非是自己的身心达到某一个修炼的境界，而修炼的境界是有很多规定性的。心理稳定状态好不仅仅是心理问题，它可以表现在身体上，是气质佳与修养深的表现。有了这样一种境界，他做出的什么东西都是好的，没有这种状态东西做出来就是不好的。所以经常说不在状态，精力集中不起来都是这个原因。

童振刚那一批水墨画我很欣赏，是因为我从他作品的现代性里面看到了他的古典性。一个比较有意思的现象就是，他能用这种中锋书法用笔的东西完成一些构

童振刚工作室

成，这也是个很奇怪的现象。他很多的东西其实是在玩构成，他的这种现代的书法，当中的点、线、运笔，绝对是传统的，古典的，但他最后呈现出来的结构，是现代的，因为他里面有构成，他的点和线其实是服务于他的构成。这些水墨作品也是一样，是点、线、面的构成，但是显然驾驭整个作品是以面来统点和线的，而这一点正好是中国传统绘画的弱项。中国传统绘画是由点生出线，由线再生出面的。而现代水墨是倒过来的，它一定是先有构成，构成的分割产生了线，线中间的组合再有点，正因为是这么一个逆向的过程所以点和线的书法质量就摆到了其次的位置。我见过西班牙美术学院的一个教授，在杭州西湖的一个岛上，当时下着大雨，他见景生情，用水墨在四尺的宣纸上画了西湖的雨中印象，有点，有线，有面。但是很显然，他是用拿油画笔的姿势拿毛笔。整个过程中，偶尔有几个点和线比较有味道，但显然不是书法用笔，那几笔是碰巧碰出来的，而他整个的思维是构成性的，他先弄出几个结构面，然后涂墨块，最后再用点强化

黑、白、灰的关系。一看就是老外的手笔，因为里面点线的书法质量是没有的。可是中国的当代水墨，要区别于西方的这种水墨，中间的点和线一定要有书法质量，否则，我觉得就没有太大的意义了。中国的文化优势恰恰在于它的点、线有书法质量。再一个就是所谓的肌理感，童振刚的水墨画除了线和书法质量与构成意识，也非常容纳不同材质的肌理效果的呈现。

刘国松先生有个很有名的观点，他认为我们中国古代所讲的皴法其实就是肌理。人物讲描法、山水讲皴法。人物主要是用线条把轮廓、衣褶勾出来，线条会有很多种描法。山水不能勾出线条就了事，大量土石、草木有质感的东西需要各种各样的皴法来实现，所谓皴法就是点和短线密集的组合在一起，完成一个体面。因此在这一点来说的话，各种各样的皴法均来自于自然，比如说披麻皴，来自于对江南的山坡土质感的一种启发。像范宽那种雨点皴，来自终南山花岗岩那种石头质感的表现，夏珪，马远，他们的斧劈皴，来自于中国南方的玄武岩的断面。总之都是受

童振刚雕塑创作现场

到自然的启发。但是中国人不会强调这一点，因为这样就变成我们对自然的简单模仿了，如何仿得像就变成了一个追求的目标，可是把一个东西画得像并不是中国画家追求的目标。想把一个土坡画得特别像一个土坡，画家就会特别去追求土坡的质感，就会忽略笔墨本身独立的美感；去模仿花岗岩的肌理就会去打点，或者直接去用纸揉。但这样就把绘画最本质的东西丢了，绘画最本质的东西是借表现自然来表现画家自我。所以必须从对自然的模仿中退回来，退回到用笔。因此，同样是披麻皴，我们为什么说黄公望的《富春山居图》达到了一种不可企及的高度？同样是雨点皴，我们为什么说范宽的《溪山行旅图》达到了不可企及的高度？同样是解索皴，我们为什么会说王蒙的东西是最好的？就是因为这些人的那根线条别人达不到他的境界和修养。所以在这种情况下，我们不能简单地把皴法理解为肌理，因为它不是对自然材质的简单模仿，它更多的还是画家用笔的笔法中间所达到的修养。这恰恰说明了画的一个本质，虽然永远不离开自然，但是体现作品精神高度的不在于对自然描摹得有多像，而在于他画里面笔墨所达到的修养境界，这就是画的美学本质，也就是黄宾虹说的"内美"。

但是，为什么肌理这种感觉会在那么多现代的画家中引起那么大的共鸣？它实际上来源于阅读，因为现在年轻的画家，包括我们这一辈的人，对于西方经典的阅读，远远超过对我们自己传统的阅读，对西方经典的熟悉远远超过对我们传统的熟悉，这个是时代造成的语境，我们每一个在其中的人没有办法改变它。那么在西方，它的确讲究肌理，西方的油画讲究肌理，西方的雕塑讲究肌理，大理石有大理石的肌理感，青铜有青铜的

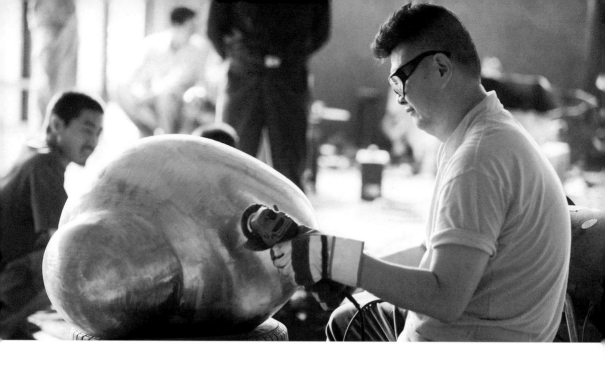

肌理感，蛋彩油画有蛋彩油画的肌理感，加光的油画有加光油画的肌理感，不加光有不加光的肌理感，而且油画本身的确靠制造一种有独特厚度的肌理来制造一些特殊的艺术视觉效果。它是西方绘画的一种语言，尤其到了现代绘画以后，直接靠制作某种肌理来达到一种视觉效果甚至一种强烈的视觉冲击力，特别是到了美国的画家手里头以后，就变的非常强烈了。当这种对肌理感的追求，对触觉感的追求，越来越变得自觉以后，西方画家干脆直接把综合材料拿到平面绘画上来了，各种各样原来认为不可以出现在平面绘画中的材料都被拿进来了：报纸、塑料、水泥、金属片。它一下把我们对于传统平面绘画的观念全部打破了。然后人们发现在一个公共的展示环境中，那种大胆地使用各种肌理材料的作品具有更大的视觉冲击力，更强烈的效果，因为它不仅能调动你的视觉，还能调动你的触觉，那么它就变成现代绘画的语言标志之一了。中国当代水墨中也有人在做肌理的东西，包括在墨里加各种调和剂，想出现一种更丰富的肌理效果。在这一点上，我觉得童振刚的画在当时是走得比较远的。他用了很多新材料招呼到了纸上，在纸上呈现的效果有了一定的厚度，甚至有的地方出现了浮雕感，同纯粹水墨那种氤氲的、半透明的感觉形成了对比。在欣赏的时候感受到他的作品和传统水墨相比有了语言上的新的探索，再加上他特殊颜料的使用。值得指出的是，生宣纸跟颜料一直是一种很奇怪的关系。因为宣纸其实是个筛子，颜料上去会露掉，所以总达不到饱和度，总是淡淡的。在这方面，童振刚在颜料的使用上，做了一种冒险，他的水墨画颜料不是水墨画的颜料，它是染织颜料，通过调制以后，再用特殊工艺，正反面调洗，呈现出颜色的饱和度、浓艳度、大大超出了传统绘画颜色的表现力。他那种大块的用墨和对肌理的表现能够很强烈地以一种对位的方式共存在一起，非常的响亮。

为什么敢于用强烈冲突的大色块呢？这点童振刚和野兽派大师卢奥有点像，因为把墨和黑用到了极至，所以什么色彩都能压住。这就是民间艺人总结出来的"压五墨"，民间年画色彩很强烈，应该是很艳俗的，但最后压墨版就能把颜色镇住。童振刚就是用黑的东西来压这些极其强烈的一块块的颜色：红、蓝、绿、黄。假如把骨架的墨色抽掉，这些色彩在一起是不好看的。设想一下，在黑的上面如果不用这种肌理材质的东西来强化这些黑的沉着，甚至是粗糙，只是传统的水墨，也不一定能压住这些颜色。齐白石之所以成为一个写意大师，就是因为他用色比任何人都大方，都更民间，他的颜色，红，绿，黄，基本都是原色大块往上招呼，但为什么不艳不俗？就是他的墨比别人黑，他用笔特别的有力量。对比一下他和吴昌硕就非常的有意思。吴昌硕的笔墨功底超过齐白石，他用笔更圆一些，更文人气，但他地位最后没齐白石高，他停在了古典的最后一个台阶上，齐白石在这个台阶上又跨了一个门坎。所以齐白石的现代感很强，他是第一个跨进现代门坎的中国写意画家，他的东西讲究平，讲究构成，讲究大色块的单纯性，用笔墨把它控制住，这些都是现代绘画意识。他并不去更多地考虑中间的和谐性，而是去夸大它的对立性，把墨与色的张力推到极至，然后在这种高度紧张的情况之下，他再想办法达到一种高平衡，而不是低平衡。他是第一个把墨当颜色用的画家，所以他用墨画出的枝叶也好，桌椅也好，树干也好，甚至连喜鹊、鸽子、猫、狗的羽毛与皮毛，他都不是讲究每笔都要"墨分五色"，他没有吴昌硕那么讲究，他更平铺直叙，这其实是一种现代构成意识。所以齐白石的画构成感更强一些。在这点上，童振刚的东西也是这种意识。

童振刚的水墨画重要性的阶段有三个：一是扇面构成，二是"花底风光"，三是"纸上江山"。扇面构成在前文中已经提及，大体上是个男人的世界，一个面目混沌不清的旧式文人的世界，以书法、篆刻和现代构成意识混杂起来的模糊的文化世界，不中

童振刚雕塑创作现场

不西，不新不旧。形象和形式都有着童振刚对于上世纪90年代初的时代氛围的敏感，同时也是他自身观念与行为混合在一起的某种真实状态：他想进入这种状态，但又因为认不清这种状态而心生厌恶与反感。"花底风光"是一个持续10年的系列，他从"扇面构成"那个混沌不清的文人世界逃出来，躲进了他精心营造的"花房"，陶醉于"花底风光"这个纯粹的女人世界。"花房"里的的女人是城里的摩登小姐，是生活在上流社会圈子里的慵懒的、倦怠的女人，有些颓废，也有些哀怨，冷艳绝代，孤独孑立。在"花底风光"徜徉10年而"春眠不觉晓"的童振刚有一天大梦醒来，感觉到自己应该从这种"花房"小天地里再一次逃离。于是，大约从2004年起，他开始用很大的纸画起"纸上江山"来。人们发现，他来到了野外，蓝天白云之下，有山有水，几个红男绿女幸福地沐浴在阳光下，在清莹莹的水里泡着他们白胖胖的胴体，还是那样慵懒，但绝无哀怒，是那样充满世俗的满足感。女人们不再孤独，不再有"花底风光"系列里那些女孩

子们渴望被男人抚摸拥抱的表情，因为他们的身边就有一个傻乎乎的帅哥，穿着休面入时，眼神坏坏的，那种很招时髦女孩喜欢的表情。"江山"一词很有些反讽的味道。因为这个词在中国传统语文中是个很庄重的、宏大的、严肃的词，而在童振刚这里，成了饮食男女的天地。解构传统中一切正面的价值，恰好也是当代艺术精英们的德行。童振刚也正因为"纸上江山"系列而被纳入了一个新的艺术圈子，从而使自己从一个面目混沌不清的，想要现代又舍不得传统的，想反讽有唯美的艺术家，蜕变成了一个玩世的波普艺术家，于是他受到了更多的追捧，他的画室简直成了一个永不谢幕的party，在现实世界的名利场中混得有头有脸的男人和女人，洋人和国人，纷纷来到他的画室，购买这些消费时代的红男绿女，从画上任务的表情和状态中，再一次品味当今社会的况味，品位这得来不易的幸福生活。接下来，尝到甜头的又很聪明且有市场眼光的童振刚乘胜追击，进军油画，创作了一大批胖头娃娃在牡丹花丛中的作品。当他准备将这批作

品在798展出时，打电话询问我该取个什么总标题？我问他自己是怎么想的？他说准备起名"性福"。我说不妥。应该叫"幸福"。"幸福"当然比"性福"全面多了。"花房"里的女孩子有性，却不见得有福；"纸上江山"里的红男绿女，特别是那些像傻大姐的女孩子，肯定是既有性又有福的，在她们的表情和状态里，你是看得出赤裸裸，香喷喷的性福来的。但在这批油画里，性变得含蓄而隐蔽，引进了中国百姓结婚照与全家福的形式，于是，男欢女爱的性福要向家庭和睦，生儿育女，传宗接代，家和万事兴等等杨柳青年画所曾表达的主题演进了。杨柳青年画（我在此文中一再提及），包括所有中国年画（桃花坞年画、武强年画、潍坊年画、绵竹年画）的主题是什么？幸福。对，就是幸福。童振刚接受了我的建议。在开幕酒会上，我即兴发言，说到了这批作品具有很高的幸福指数。因为"幸福指数"是从这几年开始被各地政府和媒体频频使用的一个词。我说不仅是画上的这些饮食男女，包括今天在座的男女嘉宾，似乎个个的幸福指数都居高不下，尤其是童振刚，这些年的幸福指数更是一路飘红，蹿升飞快！我提议大家举杯，为所有人的幸福指数继续猛长干杯！于是，这批油画就有了一个"幸福指数"的总标题。其实，我说到"幸福指数"这个词是有历史纵深感的，80后的小青年可能无法体味到我这个岁数的人说到这个词时的历史纵深感。

上世纪80年代是一个文化上的英雄主义时代，整个的知识界、文化界都是被一些巨大的历史性的话题所困扰，为了解答这些大的问题，付出了很多的思考，每一个人都以成为时代的思想先驱而感到光荣自豪。但是90年代以后，整个社会突然一转，从一个理想主义者变成一个现实主义者，一下子觉得那种理想的、精神的、国家的、历史的，这些宏观的话语是虚无缥缈的，是和我自己的幸福没太大关系的，一下子觉得应该回到个人本位，每一个人追求自己当下的幸福，这样的话，就有所谓消费意识的觉醒，大家沉迷在消费的潮流中间了。穿名牌、喝美酒，对家居家装特别在意，然后各种消费杂志出现，各种时尚刊物出现，与此相应的，中国人有了自己的夜生活，一下子性意识变得特别开放，这种社会状态和生活状态当然在艺术上要得到表现。那么在这一点上，童振刚是比较早的作为一个画家进入到这么一个历史阶段的。他的最早一批新仕女画，其实就是中国人进入消费文化时代以后那种精神状态和身体状态的表现。为什么说是精神状态呢？因为你再也从她们的眼神里看不到她们凝视着远方，你从她们的身体状态中间，再也看不到一种由一个崇高目标的激励而产生的那种身体的紧张感。没有。她们的眼光永远只看在眼前的脚尖的一寸之地，她们的身体极其放松，她们所处的这种状态基本是无所事事，她们有点沉沦。但是，很有意思的就是，我们现在

在"幸福——油画"个展的开幕现场

回过头来看，又感觉中间有一些迷茫和犹疑，这绝对不是童振刚当时有意识要表现的。他其实当时根本没有想我笔下的这些女孩子的心情是忧郁的，她们对自我的状态是迷茫的，他绝对没有这么想。这种女孩子表情，身体放松的状态，他只是觉得特别真实。这就像过去"文革"以前很多的人看到照相机就呆了，瞪着看，那种状态其实就是最真实的，倒不是说拍照的人故意让他作出这种表情来，应该是一种整体的集体无意识表情。而事实上童振刚当时的水墨新仕女系列的女孩的那种状态，也是一种集体状态。那种状态在某种意义上来说可以是一种性别意识的回归。本来人类分成男女，这种两性的差异性，彼此互为他者，男人是女人的他者，女人是男人的他者，以他者观他者。在这种观望、欣赏、同情、理解，甚至不理解、误会中就产生了一些非常有意识的文化现象。有人说我们整个的文明其实就是男人写女人，女人写男人。到现在为止，两性之间都还没有读懂。恰恰这种性别意识的存在，才有了我们整个人类情感世界的微妙、复杂。很有意思的是我们中国的革命，它首先带来的是妇女的解放。这是值得充分肯定的历史进步，但这个进步又是发生了严重的偏差的。妇女解放重要的标志就是消灭了妇女的性别意识和性别立场。女人不觉得自己首先应该是个女人，从穿衣打扮，择业，身体语言，语气，她都向男性靠，在靠的过程中就把性别意识消除掉了。消除掉以后，我们的艺术就麻烦了。我们怎么表现女性美呢？

这就很困惑了。八个样板戏里，毕竟要有女的和男的在台上演吧！我们那几个女主角：《红灯记》里的李铁梅，《智取威虎山》里的小常宝，《海港》里的方淑珍，包括《红色娘子军》的吴琼花，还有《白毛女》里的喜儿，我们都想方设法的要把她们身上女性的东西淡化掉，但是，我们去看的时候又不是这样。其实当时看的时候还是最喜欢看《红色娘子军》和《白毛女》，因为《红色娘子军》里的女演员穿短衣短裤，观众能看到她的腿；《白毛女》的女演员是最漂亮的。第二波样板戏出来以后，杨春霞演柯湘，一出来是光彩照人啊，人们终于在样板戏里看到一个美女，漂亮。就说明不管怎么样地进行妇女解放，其实，性别的存在和性别的互相欣赏，永远是人的一种基本需求。你可以把它看作一种低级的欲望，一种本能，你也可以看做是很高尚的东西。事实上，它是超道德的，是普遍的人性。我们说"文化大革命"泯灭人性，一个很重要的指控就是它取消了性别意识，让我们对女人的美变得麻木和迟钝，从这个意义上说，我们恢复对女性美的这种感觉，我们把女人当女人来看，岂不是很高尚的一个追求吗？岂不是一个社会很健康的一个表现吗？岂不是对人性的复归吗？我记得一个老太太给我说的一个故事，60 年代"文化大革命"的时候，当时中国所有的女人已经不涂口红了，中国已经没有口红了。一个美联社的记者，在王府井的街上突然发现有一个女孩涂了口红！这个记者兴奋得不行，立刻写了篇报道，报道出去。他是怎么说的呢？他说，我终于看到在一群蓝蚂蚁中间有一个姑娘涂了口红。这说明，"文化大革命"时期的意识形态，和清教徒的这一套东西，仍然不能完全泯灭掉中国人对美的追求，那么有了这一点口红的存在。他觉得中国终于有一天会从这个特殊意识形态中走出来。他的这个预言是对的。我读大学的时候，开始恢复舞会了。我们班有个女同学是从上海来的，她涂了口红参加，全校轰动！那么你想想这么多年，一直到 90 年代，我们才

童振刚在景德镇创作瓷器作品

开始正二八经地觉得应该把一个女人当做女人。女人有她展示自己女性魅力的特殊场合。在90年代这些特殊场合就是酒吧、夜总会、歌厅。其实女人当然不应该只在这些地方，特别是漂亮的女人。对吧？但是，很奇怪，或不奇怪，中国在这个历史时期漂亮女人只在这些地方出现。

我记得1992年第一次去深圳拍电视片的时候，在罗湖区宾馆晚上华灯初上的时候，我的天啊，全中国的美女，都在那个地方出现了，我惊呆了。我从来没有见过这么漂亮的女人，尤其是从来没有见过这么多漂亮的女人在同一时候同一地点出现。应该承认，那是我第一次被女性美所震撼，却是在那样的地方！那么童振刚的这一批画就画了这么一些女孩子。他是用他男人的性意识和性立场来欣赏女人。我觉得这本身就是一个历史的进步。因为只要你往前退回几年你就知道，我们所有的

绘画作品中出现的女性都是什么样的。周思聪的《新苗》中女知青回来向校长汇报她们怎么种树，《我是海燕》就在暴风雨里接电线，然后就是挖山不止的铁姑娘。本来不应该是女性承担的一些工作，扮演的一些社会角色，我们却让她们去承担扮演了，我们还把它作为一个社会进步的东西来加以歌颂。和那个东西相比，童振刚这些微微颓废，迷茫，那种似乎又重新回到了男人的玩物的女性角色，好像是退步，回到了封建社会、资产阶级社会。我们不需要用这种意识形态的眼光来看这些东西。这就是男人对女人的欣赏。人类的文明如果抽象的来说，它就是英雄加美女，才子加佳人。他们就是历史角色，文化角色，历史与文化也要有这才阴阳平衡。

"幸福指数"是有纵向的历史坐标的，这个纵向坐标其实在童振刚的三个阶段三大系列里也清晰地呈现出来。"花底风光"

童振刚在油画创作的过程中

系列的幸福感是朦胧而迷茫的，是有所欠缺的并有所渴望的；"纸上江山"系列多了一个惬意的男主人，女主人也已经不能称为仕女甚至也决不摩登了——她们是刚进城的村姑，胖妞，红二团的脸颊，红嘟嘟的嘴唇，肉乎乎的鼻子，还有过上了城市人消费生活后的无限幸福的双眼——幸福指数极高的弯曲成缝缝的双眼。健康、壮硕、艳俗。最让人感动的是：满足！要知道，满足感是这个物欲年代多稀缺的精神境界啊！只有在这个阶段再回头看上个阶段的摩登仕女，你才发现她们没有表情的脸和五官原来有那么深刻的表情！那是生来是城里富贵人家的漂亮小姐在消费时代的经典表情。她们在消费时代的物欲流中，是那样主动地把自己设定成为与一只青花瓷瓶、一把明式红木圈椅、一只水晶鱼缸、一把双面绣团扇和一只波斯猫一样的摆设品和消遣物，她同这些象征消费欲望的符号是等格的，童振刚将她同它们平行地摆放在同一个平面，本也是当作一件物什来对待的。但是很奇怪的是，隔过几年甚至十年后我们再来回看她们的表情，竟然是无限的凄楚、哀怨、悱恻与无奈！童振刚当时不可能有意识地去表现这样的感情，他甚至想不到她们如何会集体表现出这样的表情。

是的，一种集体的无意识表情。一种会随着生活而改变的集体的无意识表情。一种会随着画家的心境变化而改变的集体的无意识表情。

当童振刚决定用油画形式来画一批"牡丹男女"时，集体的无意识表情再次改变。他的油画从观念与技术层面都具有一种"波普"性，很有点儿像清中期以后的杨柳青年画。杨柳青年画是19世纪最"波普"的艺术。首先，杨柳青年画的观念是吉祥文化，多福、多寿、多子、连年有余、龙凤呈祥、指日高升、才子佳人、出将入相，都是同家族兴旺、生活美满、人生达到等等幸福指数密切相关的主题。其次，杨柳青年画的形、色语言是老百姓喜闻乐见的，流畅的线条、鲜艳的色彩、细腻的晕染，艺术表现上绝无任何引起人的感官不快的东西，无矛盾，无冲突。第三，杨柳青年画的制作是流水线的，工艺流程是可以分解为若干个阶段，并分别由不同的人去完成的。这就可以使作品按定单批量制造，每一幅作品的出入也不会太大。这三个特点，目前在北京的一批新潮艺术家（或谓当代艺术家）的作品中全部呈现出来了。当然，观念不再是老掉牙的中国传统吉祥文化，而是老外所能普遍理解的对于中国和中国人的看法（有些是偏见），这些看法很"波普"。表现手法也很"波普"。老外熟知西方油画的语言，就像我们熟知水墨画的语言。

他们来中国寻找画家和作品，并不指望在这里发现能达到古典油画语言高度的大师，他们来这里是寻找观念和观念的表达，或者说他们来这里是为了鼓励和支持某种符合他们价值观念的行为和意识，艺术只不过是个载体。他们需要鼓励中国人把脑子里头那些非主流的意识表达出来，无需过多考虑技法，主要的是想法，是观念，因为购买的就是想法和观念。童振刚画了那么多年水墨，包括很新潮的当代水墨，但他现在卖的最好的是油画，很"波普"的油画。我曾经从市场角度建议他把油画里的形象做成雕塑，果然，这些很"波普"的雕塑，卖得也很不错。

童振刚的女助手曾经对这批油画说过一句精彩无比的话："用我的指尖触摸你灰色的温柔。"好敏感，好句子。童振刚温柔吗？温柔的，他是一个怜香惜玉的男人。

他笔下的女人温柔吗？温柔的，她们都是好姑娘，而且从表情到肢体，强烈流露出需要被爱抚、被触摸的欲望。在他的水墨画上，过去我只看到有美女在他身边，他可以很近距离的欣赏这些美女，美女对他完全没有防范，也不把他看做色狼，甚至把它看做不存在，在他前面非常放松，该喝酒就喝酒，该露个乳房就露个乳房，该把睡衣怎么样披着就披着，该玩猫就玩猫。童振刚觉得这很幸福，那么现在他的幸福好像已经不止于此了，他现在更陶醉。这批的主角从女性变成了男性，他把自己投射到画布上了。从这批油画上看，那些女孩子在他面前已经不是忘我和忘他，已经主动跟他勾肩搭背了，他也非常得意，眯着眼，咧着嘴，很陶醉，穿个小名牌，喝个红酒，幸福的心情像花儿一样开放。他的这种幸福已经有点群体化了，有点开放性了。他水墨时候那些仕女都是在一个极其封闭的环境。那些女孩子在那种环境里其实带有一种幽闭性质，是完全沉浸在自我中间的。你能看得出他水墨的人物都有种孤独感。

她们和她们的妈妈相比，是她们的妈妈要去做很多男人的工作要去穿男人的衣服，要紧张的劳作。她们可以不去穿男人的衣服，不去做男人的工作，可以非常地放松，但有一点忧郁，有一种失去了人的群体性以外的孤独感。但是现在进入油画里面的这些已经是群体性的了，他们可以是一男一女在一起，可以是一男两女在一起，可以是父母和孩子在一起，可以是情人和情人在一起，是群体性的，开放性的。他们出现的场合，已经从幽闭的、闺房的空间进入了公共空间，比如说进入了酒吧，进入了歌厅，进入了大自然、蓝天、大海，在花团锦簇中间幸福的微笑，空间是开放的，心态是开放的。这恰恰说明，就是这十年，整个社会，对这个问题的认识和理解走到了一种更开放的地步。说这些人的精神世界有多高尚，或者说在这些人的心灵里头有多么沉重的责任感和伟大的人生抱负，都没有，它就是一种浅薄的自在和惬意。这种自在和惬意，我们有时候会觉得很矛盾。从一个精英的立场来说，其实我们愿意歌颂英雄，愿意歌颂先驱，愿意歌颂那些悲剧性的人物，愿意歌颂烈士，包括会歌颂那些殉道者。那过去都是我们认为应该花精力去表现的对象。但是我们回过头来想想，这些先驱，这些烈士，他们努力的终极目标是什么？他们努力的终极目标其实就是我们这些芸芸众生的这种浅薄的自在和惬意。就是让大家在这种状态中间活着，多幸福啊，没有焦虑，没有痛苦，没有烦恼。整个世界像一个花的海洋，连鸟都高兴得眯着眼睛，眼睛笑得眯成一条缝。整个儿一个和谐世界。童振刚又一次和光同尘，赶上了和谐社会的好日子。

所以说，中国人在经历了百多年痛苦的、悲壮的血腥的日子以后，今天终于有了童振刚笔下的这样的一种状态，也挺好。革命烈士应该含笑于九泉之下了。这就是一种紧张的消解，包括他使用的语言都很有意思。前面水墨的阶段，他在使用一种有冲突的语言，包括线条和块面的关系，然后他的水墨和那些硬质材料的关系，包括他的黑和他强烈的红、黄、绿的颜色之间的关系，有一种语言上的紧张感。

说明那个时候他想尽量地放松自己，却还是不够放松。他之前没画过油画，突然画这么大幅的油画。他选择一种平涂的，微微的有一点素描调子的，很光滑的语言，光滑得像瓷器，像塑料，像特别高档混纺的布料。这种语言本身也代表着童振刚自己的一种心境，他希望自己在制作这一批作品的过程中间，他的心灵也像丝绸一样光滑。他用笔在画这些大头娃娃，牡丹花，天上的云彩的时候，她有一种抚摩感，他觉得应该是这样的平平滑滑的感觉，一种舒服的感觉，就像抚摸婴儿和少女的肌肤，就像抚摸丝绸和瓷器。你看他的线条都是弧形的，每一个平面都是光滑的，每一个明暗的过渡，都是缓缓过去的，没有任何的冲突，没有任何激烈对抗的状态。我想这种感觉也是现在很多人喜欢他这一批画的原因。因为我们很多人现在就进入了这样一个幸福指数。他们有一个娇妻，有一个爱子，可能在外面还有个漂亮的情妇，香车宝马，生活比蜜还甜，他们希望这种幸福状态能一直维持，直到永远，幸福的指数越来越高。这种画挂在家里觉得喜庆。这么说起来的话，它倒又使我想起了我们中国的民间的年画，和民间无锡的泥塑。大头娃娃其实并不是童振刚的首创，大头娃娃是中国民间艺人的首创，中国的民间年画从宋代开始出现了大量不成比例的大头娃娃。所以这些大头娃娃给中国人带来的感觉就是吉祥、喜庆。它本身就是一种幸福指数。所以我们中国人过去到了逢年过节的时候家里一定要贴几张这样的年画。童振刚的大头娃娃为什么人们一见就喜欢呢？因为千百年来中国人就是以大头娃娃为吉祥和幸福，只不过这一点没有点破，点破后就恍然大悟。你看那个大锛头，中国人一直认为是聪明的表现。月牙眼睛，樱桃小嘴。男人微微带点坏气，女人微微带点傻气。男人不坏，女人不爱；女人不傻，男人不馋。至于那种有点素描调子的光滑的平涂，用来表现幸福的感觉，也早已为清末杨柳青的年画艺人所理解并掌握。越是幸福的东西，感觉上便越是光滑的、顺溜的。看到这些画，人们想在这些画上休息，因为幸福很重要的一个指标就是无矛盾状态，从现实生活的竞争中摆脱出来，让自己的身心得到一种休息。

有趣的是，如果我们把童振刚使用过的绘画手段及他使用这些手段时姿式、力道对比一下，会发现他的"触摸"竟也是一种无意识表情的不断改变！当他画那些摩登仕女时，苗条、纤弱、苍白的脸庞与身体，是用近乎粗暴蹂躏的线条和泼色来完成的，他甚至在宣纸上使用了固体材料——石膏和水泥！他对美丽而慵倦的富家小姐有一种施虐的冲动和快感。而对那些艳俗的进城村姑呢，他确实温柔了许多。他的触摸是手掌的按抚，可以真切的感受到体温。现在，他画灰色的天空下，灰色或彩色花丛中的灰色男女，"用我的指尖触摸你灰色的温柔"。我可以猜想到，他用柔软的排笔在亚麻布上轻轻地刷着那些微妙变化的灰色色阶，心里充满温柔的甜蜜，手指轻轻的弹着，像把玩一件雍正时期的珐琅彩瓷器。

这种灰色的温柔是一种什么样的集体无意识表情呢！一个在物欲的横流中沉浮的老江湖，已惯看红尘空不异色，色不异空。这片灰色的世界，到底是肉欲世界呢！还是拈花微笑的禅意空间！那些灰色男女的诡异的表情，或许我们要在几年之后回看时才恍然大悟。

我觉得童振刚在当代中国画家中，有一种难得的与世俗社会

木版画作品系列

雕塑系列

和光同尘的素质。正是这种对消费时代的"精神沉沦",而不是高蹈远引或高屋建瓴才使他在完全无意识当中记录并概括了一个时代在某一阶段之中芸芸众生的集体无意识表情。当历史想要回过头去寻找时代的表情时,会发现这种集体无意识表情最真实。

下面是我同童振刚的一次对话,地点是在北京来广营的画室,时间是在 2007 年 6 月 18 日夜。以我同他近 20 年的交情,有些话是明知故问。因为我们两个人都知道,对话是说给第三者听的。

王鲁湘（下面简称王）: 你这批大头娃娃刚开始的灵感是从哪里来的?

童振刚（下面简称童）: 从画团扇开始的。最早不是这样的画面,是修长脖子的女人,休闲的状态,华丽的服饰,是一种完美的理想主义状态。后来因为家庭和自己的身体状态等等一些不愉快的问题导致我画了一批红色系列,把自己心里那种躁动给宣泄出来。在画这些大头娃娃之前我勾了一些小稿,发现女人的脖子长和短感觉是不一样的,状态也不一样。长脖子的感觉是一个理想化的女人状态,当女人缩着脖子的时候,她的精神感觉是无聊的、颓废的、茫然的、缺少安全感的和孤独的状态。这些团扇作品是因为香港国际艺术美术馆邀我画一批团扇出版画册举办展览,刚好我那时正在画大头娃娃系列,就集中一段时间画了一系列给他们。因为是用水墨画的材料方式创作的,所以从画面上的感觉是文人气很重,小品的味道很浓,没有大气的感觉,也没有强烈的视觉效果,故转化了一种方式去画大尺寸的。同样是大头娃娃,让他们在自然的蓝天白云下,一望无际的水面上,自由自在地嬉耍。这样的画面既有强烈的视觉效果,又有造型上的松动感,又和我自己本身的状态结合在一个点上。阳光、蓝天、白云、红花、黄花、牡丹花,很鲜艳、很亮的画面有很多顽皮感。后来发现这种用纸上水墨的绘画效果太柔性,水和纸的碰撞产生不了硬性、刚性、阳性的画面视觉效果,所以产生了我近期的这批油画。这批油画有一部分是黑白系列的,有一部分是色彩鲜艳系列的,是顽皮的状态,咪咪的小眼、蓝天白云、湖光水色、红黄牡丹花和一些类似坏坏的男人像。虽然他们没有耳朵、没有眉毛，大头眯眼看着很坏的样子，其实透着一种憨劲。我认为鸟系列的绘画状态是我的最佳状态，也是很到位的。这是一个男人的状态，也是我们今天少部分人身上带有的一种生活状态。

王：你画面里的人物都没有耳朵，为什么？

童：记得在我小的时候，听过一段关于读书的故事，说一个进士常常因为喧哗的噪杂声而不能专心读书，他感到很苦恼，后来就想了一个办法，用挖耳勺把自己的耳膜捅破，这样再吵再闹他都听不见了，终于可以让自己静下来。既然听不见了，耳朵就变成了一个道具，有没有两可。所以说，听不见的状态也是一种幸福的体现。

王：那么你也可以在坏男人耳朵的位置上画两只猴子的耳朵，招风的、尖尖的。因为猴子的耳朵很尖，是奸诈的表现，有时候耳朵也是可以拿来表情的。如果你给他画两只下垂的耳朵，这个人就会显得很佛性，你把他的耳朵往上翘而且很尖，就会很猴性。

童：我觉得不是画耳朵的问题，如果把耳朵画得很尖，他就会变成一种图解方式，这个画面会告诉你他在述说一个什么样的故事。我不去画耳朵，就是为了让观者去想、去琢磨。因为绘画艺术作品是画家世界观的感悟，不是一种可解读性的图式。有时候我的画面是没有什么表情，也没有五官，我要的是一个整体线条和构成意识，这种构成意识的状态会有强烈的视觉上的、造型上的张力。

王：现在我们一直在谈论你作品中的各色人物，包括你自己的一种幸福状态，那你有没有一种关于幸福的想法？有没有觉得什么样的一种生活状态是幸福的？

童：幸福是一个指数，它在不断地往上升华，我画画是一种幸福，因为它是我生活中不可缺少的一部分。我在创作的过程中很快乐，通过我的手可以传递我思想里的喜怒悲哀。人的生活方式应该是快乐的，当然人的一半是为了自己活着，另一半是为别人活着（我指的是少数人或是极少数的人是这样）。因为一个完

雕塑系列

水墨画系列

整的艺术家，他在进行艺术创作的时候，更像一个神一样的状态，没有世俗概念，他沉浸在一种赤裸裸的剖析人存在的哲学意义上的状态之中。画家在下了架以后的状态，是一个人的状态，是一个普通人的状态，也是一个很世俗的状态。所以我们要谈柴、米、油、盐，谈名牌、谈女人、谈酒等等，谈什么都可以。这种人和神的状态如果调整到一个很幸福的状态，很快乐的状态，那么他的幸福指数就会很高，相反的话那就是一个痛苦的指数。

王：我们认识很久了，你生活的这种状态也随着你在艺术上的成功，一步一个台阶地有着很大的变化。但是我发现不管在什么状态下，你有一些基本的东西一直没有改变。第一是你的自信，第二是你的自在，你好像不会因为这种环境的变化而改变。另外还有一点我觉得就是讲义气，喜欢结交男男女女的朋友，喜欢大家在一起共同分享生活上的一些快乐，十几年来这也没有改变。但我想问的就是，当年你从新疆来到北京的时候真的没有孤独感吗？

童：当然有孤独感，但是孤独的方式不一样。新疆这个地方在过去的时候，被叫做西域，它远离中原，远离汉文化。当年我的父辈响应国家的号召，去那个连鸟都不愿飞过的新疆克拉玛依，去开垦石油。他们来自全国各地，作为我们这一代人生长在新疆，感受到的文化是一种杂交的文化，是一种后现代的文化，也是生活在一种后现代的社会状态。我们的生存状态和文化感受是融合了13个民族和来自全国各地的不同文化差异的南北文化，还有一种新疆特殊的地貌环境，"大漠孤烟直，长河落日圆"的自然景观。在我1985年刚来北京读书的时候，感受到北京特有的文化，或者说是纯粹的北京文化，使我很难适应。难适应的原因是一种文化对抗多种文化的心理恐惧感，导致了短暂的孤独感。

王：你并不像很多画家那样，从小受到家庭环境的影响，从小就开始画画，参加什么少年宫包括美院附中这样的。你好像真正开始对美术有兴趣时已经是个成年人了？

童：对，那时我大概是二十岁左右。

王：那是为什么在新疆油田那种地方突然会想起搞美术？最早开始好像是书法？

童：在新疆油田那环境里，从事美术工作的人很多，当然他们主要的目的是要表现石油工人战天斗地的一种劳动精神，或者说是为政治服务的一种方式。当时觉得这种工作很酷，站在高高的楼顶上，画几十米高的毛泽东的画像，感觉到那种视觉上的冲击力，是今天我们的绘画（户外）形式上无可比拟的，我从心底很羡慕这种美术工作。这些是导致我后来从事艺术工作以至到今天的一个起始的原因。不错，我的艺术历程开始是从书法、篆刻入手。书法本身是要经过学习的：一是用笔的问题，是解决中锋用笔的问题；二是要解决汉字的结构问题；三是要解决章法布局的问题。因为书法是抽象化、意象化的一种艺术方式，它完全是调动一个人潜在天份的一种艺术方式（当然这和你的勤奋以及用功程度有关）。就像早期我在读关于宗教问题、哲学问题、政治问题、社会问题的书，是从历史的源远流长的人类学中，从一种感性的认识到理性的状态一样，需要时间上的沉淀。

王：你从书法到篆刻到水墨，一直都

在很传统的环境里，而且当时也是想成为这方面的一个画家，但是后来怎么会突然转到一种现代的状态？你怎么会突然觉得过去的那种传统的状态不是你想要的东西？

童：过去我们谈艺术现代主义和艺术当代化觉得很兴奋，因为在20世纪八九十年代，西方的艺术观念无论是现代的、当代的、波普的等等，被少数在国外呆过的艺术家拷贝回来以后，他们变成了一种带有时髦感的话语权，冲击着当时保守的艺术语境，但也同时成了浮躁着的、想改变自己的、想异军突起的、想实现轰动效应的一种途径。当然在我们今天看来，这种方式是带有强烈的模仿性，但是我觉得今天的当代艺术，已变成了多种多样地讲述中国人当下的故事，讲述中国人的历史故事，讲述中国人生存状态的故事，它已经是艺术本土化的时代。过去我在学习传统的书法、篆刻、水墨的时候，也正是我所说的艺术变革时期，就像我前面提到的，我在骨子里带有新疆的强烈的、后现代社会的意识。学习传统是一个方面，转化过程是更重要的另一方面。因为传统的绘画形式，古人已经画到巅峰状态，今天我们再去画传统（指的是创作性地画传统），就像古人吃了很多有营养的东西，拉出来变成大便，然后我们吃了这些大便拉出来便是稀屎，甚至是肆虐的痢疾。

王：你当时在北京进入的这个圈子，我说的是新文人画这圈子，可是因为当时你的状态既来自传统又有些玩世？你当时那种状态是不是和他们靠得更近一些？

童：不是，我只是想多熟悉一些各种圈子里的朋友而已，没有太多的往来。

王：后来你又参加了好几次张力表现水墨展，好像还是核心人物，但是后来我发现你和这些人分道扬镳了。当时是因为什么原因你们到了一起？又因为什么原因你们分开了？

童：在1996年前后，我创作了一批纸上的综合材料，它有强烈的材料感，比如用水泥、建筑胶、石膏粉、丙烯色等等，这些具有我绝对原创性的材料语言，来强调硬性文化或者说是阳性文化，来对柔弱的水墨文化发起冲击。它是一种意象的根性文化，所以我跟他们合作的前提就是有共同的材料语言和根性文化的共识。所不同的是，他们画面的抽象意识成分和我画面中的意象意识成分有很多的不同点，难以持久合作下去，当然还有很多做人的因素。

王：你从书法、篆刻、花鸟到人物，可以说这十几年都是在画人物画。我至今仍然喜欢你较早的那批新仕女画，也就是最早用硬性的工业材料同柔性的水墨材料结合，画出的那批女性题材的画。当时你为什么会认定这样的一个题材，而且就这么的一直画下去？

童：从中国的古典绘画到西方的古典绘画，不管是宗教题材还是政治题材，画面中的主体大多都是女性。所以说女性画面的题材是一个永恒的题材，既然是一个永恒的题材，想改造她、想异军突起地成为自己的独特风格是一件很难的事情。所以我在经过几次大的变革之后，走到了今天这样的以女性为题材的画面。开始是想找一种女人冷艳的感觉，后来发现这种感觉只是一种纯形式上的东西而已。因为中国绘画是讲究创作程序化的一种绘画方式，它强化的只是自己对造型方式的概念化，所以一旦陷入这

水墨画系列

种概念化的状态，或是程序化的状态，就会不停地重复着自己所谓的程序化创作过程，而远离原始创作的发现过程。所以我的女性题材的绘画，在不同的时期会用不同的手段表现共同的方式，这种方式就是我前面所提到的意象的造型方式。

王：那你看过克里姆特的东西吗？

童：看过，我觉得他的绘画方式和手段太匠气，太工艺化。

王：听说你的很多东西都是从外国或者是从古人那里改造过来的，那么你的这些东西都没有用过模特儿吗？

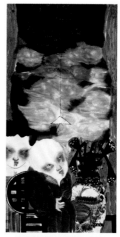

童：说我的画面是改造古人或者是西方人的东西，那不是完全的，只是一种摇滚状态。因为在"摇滚"他们的东西的时候，画面变成了很强烈的波普性。再就是我用模特儿的问题，因为我们在创作的时候，到一定的程度下，状态会枯竭，手法会越来越简单化，思想会越来越程序化，所以我们要回到我们的原点，去寻找新的创作感觉，去寻找更深刻的、更细致的创作态度。最好的方式就是去写生、写人、写自然。

王：那么其中有一个时期，你突然好像很躁动，强烈地想要画一些鬼鬼怪怪的东西，画那种感觉很痛苦的东西，那时候你怎么会突然有这种情绪呢？

童：痛苦和悲剧的情绪和画面成正比的时候，它是一种哲学意义的深刻。当然我在那一段时间，还是想解决一个画面的材料感和线条随意感的结合问题。当然，解决技术问题，也是一个痛苦的过程，但更痛苦的是思想问题。我在想什么，怎么去创作当下周边环境的状态。比如说，朋友之间的变量、亲情之间的变量、同事之间的变量，这些环境因素的变化，再加上我强烈的绘画手段的变革，而导致我画出这样一批东西，也是我这一个时期的状态。

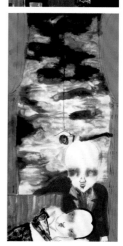

王：人一生中总有某个阶段好像有种过不去的感觉，但这并不是你的常态。你的常态怎么说呢？用民间的话来说叫做吃喝玩乐，叫做秉烛夜游。但是你把这种吃喝玩乐的状态变成了一种艺术状态。把快乐的生活、热闹的生活当成是一种应该有的生命状态，这可能是从小受到新疆少数民族乐观情绪长期感

水墨画系列

书法作品系列

染的缘故。你到北京来以后，你的朋友圈子非常大，有美术界的朋友圈，这圈里还有传统的和当代的。有影视界的朋友圈，有娱乐界的朋友圈，有搞设计、搞时装的各种各样的朋友，就算在创意经济这么大的范围里面你都有自己的朋友圈，而且你们还经常在一起吃喝玩乐。在这种吃喝玩乐中间，你是不是也在体验一种状态？

童：体验状态是真的，只是这种体验不可能完全通过写实的方式来表现，我只是想通过意象的图示方式来讲述这种状态。经常的吃喝玩乐只是说明大家都有快乐的状态、幸福的状态。

王：你现在这种生活状态，在中国，在北京都是很时尚，很前卫的。

那么刚才我们谈到了你怎么样看女人、怎么样看朋友，我们再来谈谈你怎么看时尚？因为你的东西实际上已经成为了当下时尚文化的组成部分。

童：我认为时尚就是当下人创造的一种风尚，只不过这种风尚和艺术作品相比，是一种流行文化的状态。因为艺术作品需要掺杂很多哲学、宗教的含义，而时尚文化可以通过吃喝玩乐的方式、闲侃谈聊的方式，聊出一个话题，一旦这个话题形成一种状态，它就会通过某种载体去放射成为一种时尚。我觉得时尚产生的过程，是有很大的变量。当然时尚也分等级，有大众时尚，有蓝领时尚，有白领时尚，有贵族时尚……艺术家就是时尚环境中间的一个时尚点，整个社会都盯着他，大众盯小资，小资盯贵族，贵族盯谁？盯艺术家。因为无论在任何圈子里，只要大家谈到时尚，就是和当下的当代艺术家有关系。

王：所以说真正的时尚潮流是艺术家创造出来的，大概这也是当代艺术和艺术家存在的价值之一吧？现在北京的艺术圈子里，有一种这样的现象，就是大家都在斗富比阔。先比名车，一辆一辆地换，然后再比豪宅，先比面积然后再比有几处，有一处还不行，然后现在又开始比有没有个人美术馆。这实际上对中国当代艺术家形成了很大的压力，变成了新的枷锁，叫做名枷利锁。你对这种状态满意吗？

书法作品系列

童： 满意不满意是一个质量生活的状态，你对生活质量要求得高，你就可以去斗富比阔。你生活得简简单单，当然是有品位的简单，就不存在去斗富比阔的问题，心里也会坦坦荡荡。但是有一点是存在的，就是自己的美术馆。每个艺术家都希望有一个自己的美术馆，我觉得这是好的事情，可以提高大众的质量生活。

王： 其实过去对艺术和艺术家的要求都有一些偏颇，比如说过去艺术是作为人们的精神食粮，塑造人们的灵魂。然后要积极引导人们追求真善美，所以一切的东西都必须是正面的，向上的，乐观的，积极的，阳光的……都是这样的一些东西。不是说这种要求不对，而是说艺术只能这样时，"艺术法西斯"就出现了。我们回头去看"文革"和"文革"前十几年的艺术，都是这种状态，但我们宁可不要这样的状态。那么现在，作为一种时代进步，显然就是对艺术的理解比过去要丰富得多，复杂得多。对艺术家的要求也是一样，过去说，艺术家是人类灵魂的工程师，其作品要积极的，向上的，阳光的，那么艺术家这个人也必须是积极的，向上的，阳光的。他的生活状态也必须是要真善美的。其实我们从历史上发现，事实不是这样的，揭示这一点好像很贬低艺术家，其实只是让我们对艺术家采取平视的眼光，把他们还原为肉体凡胎。在一个几乎人人都把艺术品当股票看的年代里，艺术家不俗都难。我们历史上那些伟大的艺术家，在某种意义上都是人类群体中的异类。多半他们精神不是很正常，有些还是神经病。还有他们普遍具有强烈的虚荣心，追求物质享受，普遍生活很张扬。很多伟大的艺术家生前没有得到这些，死后才被人承认，那是因为他们不幸，其实他们本人在从事这种艺术职业的时候，并没有说一辈子就是要清贫，一辈子就是要默默无闻的，我想没有一个搞艺术的人会这样。所以有很多搞艺术的人，想着这辈子要过着富可敌国的生活，这辈子一定要名扬天下，这辈子一定要香车宝马，美女如云，我想这才是艺术家从事艺术工作的初衷。因为如果没有这样的话，就没有艺术，所以我觉得现在突然乍富的中国艺术家们，说他们是斗富也好，虚荣心也好，其实想起来这可能恰恰是艺术家的本性。

朱小钧（下面简称朱）：感谢大家来参加童振刚老师的作品讨论会。

我在看童老师新出的《今日中国艺术家》画册时，对他的一句话印象很深刻，他说，现在的艺术市场是"大众盯小资，小资盯贵族，贵族盯艺术家"，从童老师现在的油画和雕塑作品我可以清晰感受到消费时代的来临——因为他的作品中反应出都是生活中时尚和享乐，体现的是生活中很美好的东西，我认为他的作品已经远离了以往一些艺术家乐于表现的革命激情和钢铁意志。我想大家是否可以就这话题延伸开谈谈自己的看法。

盛葳（下面简称盛）：我看到画册中王鲁湘与童老师的对话题目是"幸福指数"，刚开始还不太明白什么意思，原来这批作品的主题是"幸福"。作品中人物，甚至动物的形象看起来都很幸福，但这些绘画可能还是应该放在"后－文革"的背景下来看，因为"文革"之后，再加上这么多年的发展，我们所面临不但是中国的政治、社会、文化传统，也包括新的全球化进程，其中尤为重要的是消费主义。消费主义给我们带来了幸福吗？表面上或许是，特别是物质快感。但这不是一个纯粹社会反映的方式，因为中国人现状不是这种幸福，也许有的时候看起来很幸福，可实际上真的有这么幸福么？不一定。所以思考"幸福"背后的东西很有意思。童老师的创作从原来水墨到油画，发生了材料上的转变。在很多水墨里面有一些野兽派和立体派的元素，但油画更接近于波普艺术，这个转换是这样发生的呢？

童振刚（下面简称童）：只是材料转换而已，没有过多的造型变化。

盛：我觉得你的水墨表现比较不一样，而油画和版画则比较接近，这是为什么？

童：还是都比较接近的。

盛：后来，"幸福"的表情好像是你现在的符号，之前的比较少。那你觉得这种方式怎样和早期的"玩世"艺术拉开差距？

童：差别很大，主要是造型的差距。

盛：也就是说你画的"人"是个抽象的概念，并不是某个或某种具体的，可直接识别身份的人和人群。

童：对，不是具象，是意象。

刘礼宾（下面简称刘）：我一直对传统向现代的转型感兴趣，南京一批国画家学习古代文人的生活方式，将其视为向"传统"的回归。在我看来，这是一种逃避，完全抓不到古代文人的精神实质，只是在追求他们的生活表象。苏轼等文人"雅玩"的背后有宏大的社会抱负，他们"玩"得并不轻松。童振刚更接近于古代文人的情怀，否则他没有必要做当下的转型——进行油画、雕塑创作，继续玩他擅长的水墨就可以了。我将他对不同艺术形式的尝试视为他介入现实的一种努力。

盛：我从童老师的画册和作品上看到最早、也画很多的就是仕女。其实将裸女题材引入到水墨是林风眠那代人的成就之一，传统的国画里是没有这种题材的，是西方艺术里面的。这里就存在一个问题：水墨里没有直接画这种题材的技法。林风眠他们引入后，增加了很多表现性的手法，我在你画里也发现些早期立体派的造型，有的更接近德国表现主义的画法。但是有个问题，用水墨的技法画一些比较西化的题材，中间会不会有不太合适的地方，如果用油画也可以表现的话，中国的技法就不再是唯一的重要性，中间就不构成一个唯一的关系，那么为什么一定要用水墨画？这么看你从水墨到油画转变或者更好理解，因为水墨已经不再是唯一的方式。

朱：在我看来，童振刚现在的艺术探索方式和40年代吴冠中、赵无极他们的方式是有类同性的，他们走的都用西方的形式和中国的传统元素相结合。童老师也曾在法国学习，较早地全面接触过西方各种艺术形式，这种西方形式和中国元素的结合，既满足了西方人对神秘东方文化的期待，也贴合了中国对于传统

对话现场

对话现场

求新求变的诉求。这种作品最根本是中国性的问题，画面本质的东西还是中国。在当下我们可以看到吴冠中、赵无极这样成功的范例，也可以从童老师的艺术趋势里看到他未来的方向。

盛：当时是怎么想到用油画的方式？

童：宣纸需要用水来冲，没水味道就变了。想保持水墨画只有用水和墨。但这解决不了油和布想表现的东西。油和布的光亮感是另一种方式，是光和影的对接，我是尝试着另一种方式。

盛：当时看新文人画的时候，我也感觉有这种问题，大多数新文人画还是在往波普上靠，这也是那个时期中国当代艺术发展最重要的趋势之一，但是里面的笔墨等传统因素依然在生效，也就是说艺术家仍然不愿意丢弃"国画"的技法及其文化内涵，但同时这也会干扰对波普题材的表现。与其那样，不如用油画，水墨画对这种内容的表现确实有一些自身的问题。

王雪芹（下面简称王）：我对童老师作品印象比较深的是这些概念化的人、鸟的形象，以及从中国传统中提炼出来的元素，像作品中的鸳鸯、鱼等等形象。《幸福系列》作品里，所有的人都被概念化成一种形象，大头，人物没有耳朵和眉毛，眯眯眼，背景是花朵和鱼，表现微笑的男女和"大家庭"，这些处理都符合大家对于"幸福"这个概念的理解。

但是我看到这些作品的时候，并没有感觉到画面传达的幸福感，可能这只是一种表面。那么我很感兴趣这幸福背后隐含了一种什么东西？童老师作品里的人似乎没有古人和今人的太大区别，或者是掺杂在一起的，这可能与之前创作水墨画的经历有关。人物的背景处理也让人物的身份无从考察，我觉得作品表现的是目前中国社会里的中产阶级，他们衣食无忧，看似过着享乐主义的生活，实际在这种表面隐藏着巨大的焦虑。无处不在的生活压力，传统文化断裂之后大家都变得身份不明，西方现代社会的生活方式已经对中国人产生了无法改变的影响，人们在这个消费社会中，已经被异化为社会机器中的一个零件，你看现在的中产阶级或者白领，大家都过着大同小异的生活，每天忙碌不堪，找不到自己，幸福只是一种表面。

还有童老师作品中的鸟的形象，它们仍然站立在古代绘画作品的图式中，却完全没有古代绘画作品中的气定神闲或者悠游乐哉，眯眯眼里有很多内容，又好像空无一物。

所以我不认为童老师的作品是一种享乐主义，在童老师刻意制造的这种符号中，潜在着一种很多人意识不到的危机。但是童老师在创作的时候可能更多的是一种自觉或潜意识的表达，并没有融入批判或反讽的意味，这可能也是你的作品与方力钧他们的玩世现实主义有所区别的一个方面。

朱：最近我在和王鲁湘老师讨论童老师作品的时候，王老师有个鲜明的观点，他认为童老师的作品与方力钧、岳敏君的作品所折射出的政治反讽意识不同，童老师表现的是幸福的中国艺术家。西方人在购买方力钧、岳敏君作品时的心态和购买童老师作品的心态是不一样的。那一代人是希望通过所谓文化后殖民主义来建立对中国当代艺术的整体面貌。但是，童老师这类艺术家已经不受金钱的支配了，完全可以把握自己要画什么，想画什么，来建立自己的市场，这是他们不一样的地方，童老师表现是幸福的中国艺术家的生存状态。

盛：我觉得刚才童老师说的只是自己创作的感想，对于绘画的评定，艺术家自己比较难，要放到一定的背景下来看。随着现代社会，尤其是消费主义不断发展，"幸福"是随着物质画等号的。欧洲功利主义思想家边沁（Jeremy）认为功利原理与最大幸福原理之间是等值的，对于某个人而言，"幸福"可能就是三把斧头或者五只羊。因此，统称的"幸福"其实是各种各样的，没有一个统一的幸福。但幸福都需要放到一个特定的上下文关系中理解。中国也是这样，虽然有"后－文革"的背景，但也有现代化的背景，正是在这些复杂的背景下，对物质的追求是不言自明的。我认为这些绘画对幸福的表现也许只是一种幻想。实际上并没有这种统一的东西，每个人都能够判断幸福与否，而这些绘画是引发观众进行自我判断和社会思考的媒介。比如说，一个人来买童老师的画，可以说是在买，也可以说是在买幸福，再深一点可以说是买对幸福的思考。

朱：当消费主义成为社会主流的时候，当年的反文化已经成为现在的主流文化了。每个时代都有其标准，反观我们民族不是一直穷下来的，在唐宋时期我们也过着很高贵的生活，所以我们今天在消费艺术品上，童老师表现出来东方的贵族心态，刚好切合了大家对高端消费的需求。

盛：第一是看他画的确实是在表现幸福的幻象，第二是思考是否真正有这样的幸福。消费主义发达，物质丰富，在这一切背后是否真有这样的幸福？我觉得这才是讨论这些作品有机的一个点。

刘：像我这样从小到大考上来的人，很难完全休闲地享受什么东西，很难真正的放松。不仅是物质问题，还有精神问题，里面包含从小到大被灌输的的一种思维模式。我不可能放下虚拟的社会责任以及前途的重压，只能不停的"走"。其实，中国很多人像我一样，都不能真正去享受一种放松的生活状态。

盛：你画这些画的时候是想表现幸福的理想状态还是别的，你觉得自己幸福么？

童：我不幸福。想在画中摆脱这种困境，希望平静下来。

盛：有个文学家的一个小说里有句话我记得很清楚："酒桌上，觥筹交错的背后，每个人都有自己伤心的理由"，现在社会里人都是分裂的。

朱：我们再回来看童老师的作品，说到物质消费，能够购买高端艺术品的消费者肯定不是工人阶级、无产阶级，应该是已经的贵族和潜在的贵族在消费童老师的东西，所以他的作品成为中国消费社会高端的一个符号，他的作品绝对不是鼓励你去抗争、厮杀。

盛：每个人看这画的时候都会把自己作为主体，植入其中。小钧看了觉得滋润，连冕和刘礼宾看了觉得有压力。

连　冕（下面简称连）：我从童老师画里，看到了这么多年来他在作为绘画形式的"符号"上的转化，但他追求的本质没变，追寻目的也没有变，只是将手法换成油画的罢了。我觉得，尤其是那些传统工笔名画的再创作，是以同样不变的心态在理解、深化。至于是不是贴了一个古代的符号，目前还不太好说。是不是现代的人只能理解到这样一个境界，

我也暂时不作评论。

我看这幅"古代折枝花鸟"非常像元人钱选的那张。我的一位朋友，也在做钱选研究，我们常会讨论，钱氏在画那画时，恐怕未必如我们想像的那样愉快、在把玩，他可能是很费劲心力的，他在挣扎、痛苦。我曾写过一小段话，认为古代的画师、工匠，他们很想画出内心想要的东西，但外界的环境往往不允许，几乎所有的标准更多被设置于他们的精神和审美之外。于是，创作者要百般地熨贴、千般地揣摩，但最后也并不一定是想要的"效果"。这种矛盾追求，这么多年来，也决定了之所以还有画家这个行业，因为创作者的那种矛盾还在，那种挣扎的追求也还在。对自己的否定再否定，肯定再肯定，甚至是两相交加的痛苦也都还在。

我的这个想法，在这几天的阅读中被德拉克洛瓦的一句名言间接应证了，他在其人生发表的第一篇《艺术评论》中说，"真正的美的历史，尤其是美的演变的历史，只是一个重要的空白"，这个空白是历朝历代所有人以无尽的各种形式去填补起来的。我觉得童老师的画，是在这个时代填补需要它的人，以及需要这种创作的人的心的创作。我觉得这最重要。至于我，不会第一就感觉到它是"幸福"的怎样的指数，但是我会喜欢它，它也填补了我的空白。

我觉得在这个时代，我除了审美一种传统古代形式之外，我还体会到了一种新的感觉，这可以在油画的形式中找到并选择出来。听古乐时必须有一种环境，但刻意去营造那种环境，感觉又是不一样的。可童老师的画不用去刻意营造环境，现代人的周遭已经存在这个大环境，一看就很快被带入了，这正是童老师成功的点。他不去刻意去追求一种所谓的新文人、笔墨，但反过来还是有一种追求，并猜中了我们所需要的那种心境。

朱：童老师的成长背景跟我们完全不一样，艺术家经受过磨难，也见证过苦难，所以他才会对今天的幸福生活更加珍惜。

连：是啊，不同时间、不同地方的人，都可以从里面读出自己的"主体性"。

连：我特别好奇的想问一个问题，大家似乎纷纷在说"后－文革"。我离现代评论有一定距离，实在好奇，不断在创造新的词汇有多大的意义？而且，"后－文革"这种评价方式对于评价一件画作而言，它所能产生的结果是最终回溯到和当下对立起来，难道我们的批评只有这条路可以走吗？

盛：这个词的构词法与"后现代"和"后印象"相似，表达的是"文革"之后的一个时间段，既包括"文革"自身的一些惯性，也包括改革开放及其所带来的消费主义文化。所以不是指的"文革"或"后期文革"。这确实构成了当代艺术创作的基础之一，但不是全部。但这里，强调该背景是有意义的。

连：如果，还硬要形成一个把所有当前的创作都纳入到"后文革"这个批评体系当中的情形，我表示反对。如果"后文革"变成中国新兴的一个重要批评语汇，我觉得那就更不妥了。的确，我们有如此批评的惯性，我现在也在反思，我们的讨论往往容易"上纲"，但是却看不到艺术自身的东西。过分者，甚至弄得很吓人。

盛：你说的是空间性的，我说的是时间性的，这是两个不同的方面。艺术里面有永恒的东西，是有一种空间性的，艺术本体的；我说的是一个社会背景，理解社会背景有利于理解艺术家的创作基础和思想形成背景，这是时间性的。它们构成了两条不同的线。每条线都有其价值，我说的是后一方面。前一方面当然也有它的价值，但该价值并不是建立在对后者否定的基础之上的。

连：我们为什么总在讨论社会背景的事，我觉得很奇怪……法国这位先生的评论，其实就是西方艺术研究最常见的写法，当然，这里面也有另外的问题。童老师对于人、鸟五官的改造你是出于一种什么考虑，你是想把它符号化吗？

童：是，很明确的符号化。

连：我觉得童老师的作品，完全可以再抛掉一些传统。当然，我们也知道，传统是很难抛掉的，确实也抛不掉。但我觉得可以再深入点，在形式上创造出更现代的感觉来。就画面论，包括那些竹叶，还留出传统笔法的效果，我不知道这是不是刻意，不过实在还可以更前进几步，和传统有距离更好。

童：我想让它有素描的感觉，不让它有线的感觉，要弱化这种感觉，要摆脱这种源于传统画的感觉。

连：我自认为很喜欢工笔，但我也感觉我想要寻找的东西，在童老师的作品中也能够找到。所以我反省自己，我看到这些作品的时候，我也经过了一个过程。原来常说要画得跟古人一样才好，现在我承认，在现代的语境中，我更喜欢童老师这些作品。因为从现代人的审美标准，我更容易接受它们。传统的门槛高，它需要过程，笔法的过程，一层层上去。反过来说，现在的太浅了，可是没有办法，你能要怎样的深呢？当然，更关键的是创造出属于当下的形式，再过一百年，或许我们就深了。

盛：现在画家都做雕塑也是因为现代雕塑的技法性越来越弱，大家都可以做，雕塑家就有危机感了。

童：以前雕塑都是艺术家自己做，现在很多都是雕塑厂做，按图做就行。

朱：很多艺术家现在主要出个观念就行了。

童：可水墨不是这样。

连：我始终觉得对形式语言的探索是艺术的本质。因为我们现在习惯说的是可见的艺术，我们不会把那些不可见的东西如音乐加进来，说小提琴做得漂亮就一定拉的好，它实际是需要有音乐独特的语汇和语言。所以勋伯格的"12音体系"出现，便成了无调性音乐创作非常重大的一个突

童振刚在香港国际艺术美术馆个展上

破。那个时候音乐在抽象语言上的艰苦探索，和我们常说的绘画的"印象派"几乎重叠，但绘画实际上已经开始"落后"了。所以我更多地认为，国内一些作曲家至今仍然在不断的前进、摸索，和古典音乐的假想敌，甚至无我、无对象的对抗、交战，是真正的艺术创作升华的表现。而美术，或者我们在绘画中寻求的语汇创新，还没有到达音乐语汇创新的程度。音乐抛掉肉体，纯粹靠艺术形式进行思想，用那些音符来表现，而且仅剩音符。所以我经常说，做音乐的人是最惨的，他没有提琴就没有办法表达，他没有喉咙就没有办法歌唱。我们还可以画画，还可以在像与不像，似与不似之间讨论。我常拿音乐来鞭策自己。如果你不考虑到这种纯抽象的艺术的话，顿时就会觉得，你做的事情很轻松，不需要突破，今天一幅，明天一幅，就很好了啊。当然，音乐也有好听不好听的问题，不过音乐哲学的发展，的确也比绘画有不少新创见。

朱：事实上，艺术界也有很多假大空的"冒牌货"。

连：不是假大空，是偷懒的多。

朱：童老师你知道自己的作品都收藏在什么地方吗，如果以后做回顾展，文献展的时候你还能找到这些作品么？

童：大部分作品是收藏家和艺术机构收藏，可以找回作品。

连：所以，趁还有时间多研究点东西，为这个世界多留下点本行、本时代的成果，这是香港一个研究者提醒我的。他说我写的东西太接近政治评论，说你要写点本行的东西，要为本行多做点事儿。我参加学音乐朋友的独奏会，当时觉得我肯定没有他们本事，弹不了、唱不了，他们很伟大。回头想想，觉得如果自己在本行的艺术领域，在本行的语言创造上没有自己的一点特色、绝活的话，你的确就是比不了那些在外面"声名显赫"的人，的确内心会不安，会愤世嫉俗、怨天尤人。

朱：最后我们每个人用一段话，来对童振刚老师的艺术做一个总结。

连：我个人的感觉，我常用"喜欢"这个词，我不如各位有若干年现代艺术实践的体悟，我主要在研究古代，而"喜欢"是我作为一个现代人判断作品自然会有的前提条件，这或许也与"幸福指数"有些应合。那么，首先我很喜欢童老师的作品，尤其是在传统以及工笔方向的尝试和"转移"式创作。但有个很重要的点，即我期盼童老师的转移和突破是完全属于童老师自己语汇内的东西。包括现在的作品都很好，可以说是比较难得的形式，但这些形式还得再坚持几年。浅尝辄止会很可惜，在语言上、形式上要有新的突破，多"折磨"自己一点可能对艺术家会更有好处。

王：我觉得童老师身上最可贵的是一直在探索的状态，包括刚才谈到的下一阶段的创作，将油画与装置结合的一些效果。

刘：童振刚老师在水墨画创作的基础上，跨越性地进行油画、雕塑创作，可贵的是，童老师在后两种创作中并没有进行原有的笔墨符号的照搬（符号照搬正是时下流行的一种创作方式），而是在精神层面上与传统精神保持了紧密连接。在克服了材质上的跨越之后，童老师的在油画、雕塑创作中同样表现得游刃有余，实在难能可贵。

盛：最开始看童老师的画，会感觉水墨到油画的转换会有点突兀，但后来知道童老师做新文人画的经历后，觉得与油画波普性的内容还是有关联的。现在如果要做一些材料的处理，也是将来的方向。从内容来讲，新文人画对都市题材和现代生活细节的再现是与波普艺术一致的，这也是那个时间段中，中国当代艺术寻找出路的方向，形成了各种材料对类似题材的表达。因此，从新文人画到波普，从水墨到国画也是有一定关联的。从历史上来看，随着社会的发展，"文革"之后的状态有现代化和消费主义的参与，但人的理想和现实却是分裂的。这样的背景下看幸福系列，对观众而言，每个人都有他的主体性。我认为艺术史中的观念艺术是提出一个观念，然后灌输给观众，在某种意义上讲是对观众的强迫。但在这些绘画中，每个艺术家可以看到其中的自己，幸福是什么，背后是什么，我是什么样的状态，它形成了一种对社会生态的描述，在这个意义上，童老师的画是具有当下性的。

朱：我看童老师的作品有3个关键

童振刚接受香港媒体专访

词：时尚、创新、纯粹性。时尚——童老师一个时尚的艺术家，画面给人的感觉是含蓄、典雅和享乐主义，他很清晰的传达了当代艺术家这种享受生活的状态；创新——童老师在所有架上创作的尝试中，在不断的探索、不断有新变，这样的艺术有无限的可能性；纯粹性——童老师的作品远离了政治影射和社会反讽，而是真正进入我们说的可以把玩的艺术，他用作品生动记录了生活中的细节，这也是一个艺术家真正的幸福生活。

男
性
视
角
中
的
都
市
女
性

——童振刚画评

贾方舟

在当代都市生活中，女性是一个极为活跃的因素，一道无处不在的"风景"。无论是商业文化、消费文化，还是通俗文化，都少不了女性的参与，女性在都市生活中所扮演的角色，不仅是无容忽视的，而且是值得研究的。特别是在男性的视角中，女性更是常常处在被关照的显要位置。因此，以都市女性为主题的艺术作品无处不在。而画人物画的男画家以女性为主题更是一个十分普遍的现象。从历史上看，无论是古典主义的安格尔，印象主义的雷诺阿，还是现代主义的马蒂斯和毕加索，都描绘过大量的女性形象。在近现代中国，老一代的林风眠、常玉、傅抱石，中年一代的石虎、朱新建、何家英，都莫不如此。就男性艺术家整体而言，性别也常常在下意识中左右着他们的选择。一个最显见的事实是，在人体艺术中，对女人体的描绘所占的比例是超乎寻常的。曾经轰动一时的"中国人体艺术大展"（1988），展出的作品至少有 95% 描绘的是女人体。而所以出现这种情况，就是因为参展画家至少有 95% 是男性。这个事实正好印证了女性主义批评的一个观点：文学艺术作品中的"女性形象"是男性中心文化的产物。"可怜身是眼中人"，正是男性把女性变成一个被写、被画的"客体"，变成一个被读、被赏的"他者"。"美学上的父权制把女人缩小成男性本文的所有品"（康正果）；"菲勒斯作为君临一切的化身，把女性贬为一个他者"（波伏娃）。然而，每一个画女人体的男性艺术家却未必能意识到这种男性本位的立场。而作为被描绘的女性，其作为客体的身份，已经内化为一种自身的需要，男性艺术家作为"创造者"的主体地位和女性作为"创造物"的客体地位，至今仍是一个不争的现实。

在一个以山水、花鸟为主流的文人画传统中，人物画日益衰微，人物画中的仕女画就更是凤毛麟角。进入 20 世纪，人物画渐成主导，以女性为对象的作品也日见增多。但真正在这一领域作功夫的仍然为数不多。童振刚十多年来一直坚持在这一领域探索、尝试，终于走出一条属于自己的路。

在近期出版的一期刊物（《今日画坛》）中，童振刚把他笔下的"都市女性"统称为"富贵闲人"，倒是十分贴切。因为这些如花似月、婀娜多姿的妙龄女子，一个个不是矜持慵懒、多愁善感，便是无所

事事、悠闲自得，抑或是花前月下、顾影自怜……这样一种情态，既是对当代都市生活中一悠闲的年轻女性的形象把握，也是作为一个男画家从性别立场出发对女性的独特关照：这里既让人感到有一种怜香惜玉的男性温情，也流露出一种由传统观念延续而来的金屋藏娇的男性心理。从而表达出画家以欣赏的眼光看女性的审美情趣。正如贾宝玉说的，女人都是水做的，令人清爽。童振刚画出的正是这样一种男性的感觉。所谓"富贵闲人"，也正是男人希望在女人身上得到的一种感觉。就这个意义上说，童振刚的表现是成功的，因为他表现的不单是女性所具有的一种媚态和魅力，也表现出作为关照主体的男性真实的心理欲望。在他的画中，一个没有出场的人物无时不在，那就是我们时时都能感受到的一种男性视角的存在。

就风格而言，童振刚的艺术个性主要表现在他对图式结构和形式语言的创造。童振刚的图式是构成性的，基本取框架式的横竖结构，以类似屏风为背景的单体人物，以瓶花、鱼缸、猫为道具共同构成画面，单纯而明确，没有多余的东西。其形式语言基本上可以归纳为：一，墨与色的结合；二，造型语言与抽象语言的结合。就第一点而言，可以说，色与墨的结合，

是 20 世纪水墨画家共同面对的一个时代课题。从林风眠始，几代画家都试图对这个课题有所突破。色与墨的结合何以成为一个世纪的时代课题？说来话长。在唐以前，色彩在传统绘画中一直居于相当重要的位置，古人视青、黄、赤、白、黑五色皆为正色，所以凡画无不赋彩。在周代，百工之中画工、缋（同绘）工"分官同职"，画工画形，绘工赋色，二者分工合作，乃生绘画。所以谢赫在"六法"中列有"应物象形"（画）与"随类赋彩"（绘）两项。而水墨画出现以后，画与绘皆由"墨"来完成，从而演成了一次由多种色向单一色的转化。从视觉艺术的角度看，对色彩的偏废无疑是水墨画发展进程中付出的一大代价。唐以前的绘画，在色彩方面已有相当精深的研究与发现，梁元帝的《山水松石格》不仅论及到色彩中的冷暖问题（"炎徘寒碧，暖日凉星"），而且注意到由于水花的喷射，反映在他物上的色彩（"巨松沁水，喷之蔚冏"），这已是相当先进的色彩观念了，可惜，以墨代色的水墨画的滥觞抑制了传统绘画在色彩方面的进一步开掘。

因此，不妨说，"以墨代色"是文人士大夫对传统绘画实行的第一次变革。由于墨法的发展使墨本身已能具"五色"（实

际是从墨的浓淡变化中幻化出不同的色彩错觉），就有了以"以墨貌色"取代"以色貌色"的理由，可以说，传统水墨画朝着文人趣味的方向发展是以排除色彩为前提、以抑制色彩的进展为代价的。如王维所说："画道之中，水墨最为上"。所以，经历了上千年的文人水墨画实际上是走了一个极端。正是这一极端，酿成了在新的世纪实行再次变革的根由——人们还想把色彩唤回到绘画中来。但要真正做到这一点又是很难的，因为墨（特别是淡墨）与色的结合并不是一件很容易的事。而童振刚的办法是以浓墨衬托色彩，由浓墨控制和稳定色彩。画面有了这种稳定的控制因素，再强烈、亮丽的色彩都可以使用，都不会有墨、色不和谐的感觉。童振刚所使用的浓丽的色彩正是建基于这种墨色关系的协调之中。

在造型语言与抽象语言的结合结合上，童振刚的主要手法有二：一是在他的作品中充分显示构成法则，一是将抽象的书法纳入他的图式结构之中。童振刚在书法方面曾下过很多功夫，80年代早期，他曾多次参加书法展并多次获奖。但当他将书法引入他的绘画时，他没有像多数画家通常所做的那样，在画中题款，而是将书法纯粹作为一种形式元素成为其作品图式不可缺或的一部分。书法所书写的内容在画中变得十分次要，但书法的形式感却成为其画面的一个显著特点。一般的做法是在长方形的黑色背景的两边对称地书写，而黑色背景前则是具象的人物，很像传统的中堂画，中间是画，两边是对联。这样一种处理方法，已成为童振刚的一种典型的图式结构。当然，他也常常有意识地打破这种结构，例如在近期画的《盼》系列、《无恙》系列，以及《花房》系列，都在不同的方位上寻求一种新的因素的融入，以丰富和拓展其作品的形式内涵。特别是《盼》系列，在人物的造型方面有了更多的推敲和细腻的表现，他以巨大的尺幅、单纯的线描、有限的色块，来表现处于期待中的女人的无奈与无助，令人耳目一新。

在童振刚最近画的《团扇》系列作品中，又有不少新的变化。这些作品画的更加感性，更加生活化，同时又有新的角色出场。前面曾谈到，在他的画中，一个没有出场的人物无时不在，那就是我们时时都能感受到的一种男性视角的存在。而在这些作品中，这种"男性视角"不再需要感受，而是直接出场了。他的"现代仕女画"不再仅仅是仕女，男性的出场意味着这些作品不能再依存原来的归类。实际上他的题材已从都市女性扩延到都市世俗生活的范围，扩延到表现都市的三口之家、表现男女的床第生活、以及斯磨于耳鬓的情爱和性爱。那些原先多愁善感、无所事事的"富贵闲人"，由于男人的在场也变得更加妩媚动人和风情万种。特别是那些直接画在团扇上的作品，其视觉效果尤其出色。轻松的主题与轻松的笔法获得了很好的统一。

世俗的身体喻象

黄笃

　　我和老童是多年的朋友，初次印象就感觉到他是一位很有才情的画家。最近，看了他的油画和雕塑新作，给我以惊喜！他的作品以"新"的方法营造了自己对日常生活的"价值"和"意义"的感受和理解——以与众不同的视觉语言表现了"女性"精神或与"女性"相关的事。那么，如何看待他艺术作品中的"新"呢？我想他的"新"来自于艺术家的现代意识，来自他的跨学科的艺术实践（油画、版画、雕塑、装置）。

　　童振刚笔下的以女性为创作题材的作品非他独创，而是普遍的文化现象，只是他的方法不同于其他画家，他只画女性肖像，以及与女性相关的人，这种表现手法留下了许多想象的空间——这是以都市为中心的现代女性精神特征。在这个意义上，我们可以意识到，艺术作品不仅表现了纯粹的风格，而且向观赏者揭示隐藏在风格和现实之后的真实观念———种建立在人性基础上的说明，即源自艺术品与现实生活关系的说明。

　　在油画作品系列中，画家放弃了宏大表现，而转向表现人的精神状态的肖像——每幅肖像都是以女性为表现的中心，或与他者之间构成的微妙或暧昧关系。很显然，这种绘画语言直接地折射出了画家的眼光，一种对女性世界的分析，女性的话题引导出与"他者"的联系以及多种多样的生活形态。倘若从女权主义的立场看，女性既是一种被男性"观赏"的物件，也是一种性别被男性"支配"的物件。其实，童振刚绘画并不是要表现这种意图，而是以女性作为图像载体揭示复杂的社会关系——女性身体集中再现出欲望：物欲、情欲、色欲。这些都是以表现女性情态和女性身体为前提的，因为当代社会对身体进行了严格控制和编码，也就是说，它充分地诠释了一种后现代社会条件下的"交换"形式，20世纪不断增长的消费文化和时尚文化非常重视对身体的表征——健康和美丽的身体，身体的表面也趋于世俗化。而这种现象在中国反映出一种特殊的现代性，即美也是一种商品形式，它以消费娱乐场所为中心，身体与灵魂、身体与道德分离。因此，在这样的社会文化语境下，画家不是凭空想象，而是来自对生活的细致观察和分析，他的绘画语言不仅带有隐喻的社会批判性，包含了社会的贫与富、城市与农村、中心与边缘之间的不平衡，而且在道德意义上也表达了一种个人的同情，更是对当代社会的道德危机的思考。实际上，他不是质疑身体本身而是在追究女性身体成为消费品的原因。

童振刚的《幸福》系列就充分体现了对隐含于风格和形式之外的现实社会的诠释。他的绘画将"女性"或表现为纯粹肖像或将"女性"与"他者"（要么类似三口之家的合影，要么他们之间不确定的关系）并置于同一空间，又在画家的主观性与他者的客观性之间建构了一种互动关系。也就是说，画家采用人类学的方法以游客身份去直接接触不同阶层的人，这是一种艺术社会学的调查。对于这些合影式的肖像形式，画家最终发现了简洁的形式正吻合现代绘画的表现语言，它是传统与现代、语言与环境的混合——既借用了传统的因素，又吸收现代"窥视"的心理。它组成了多元社会的终结点。其实，画家的观念将我们的视线带入真实的社会空间和日常生活空间。他的作品意义在于，艺术创作不再是解决和谐的审美为最终目标，而是直接把艺术转化为人的生存状态，生存状态再转化成艺术，这才是画家介入了不同"他者"的生活空间和社会空间的概念。因此，在这些图像中，可以认识和解读人的精神状态与日常生活空间及社会环境的关系。

在一系列绘画作品中，童振刚充分思考了中国消费文化中女性的话题。他喜欢表现自己非常熟悉的人物和环境。如女性、肖像、器物、他者。与以前的绘画比较，他的《幸福》系列更具现代艺术的意义。他并不拘泥于传统意义上的构图方式，而是大胆借用了现代摄影的镜头形式，他通过使自己纳入某种新的系统的方法来把握作品的意义。很显然，《幸福》系列利用摄影快照捕捉瞬间变化的图像，准确刻画或记录了生动的生活片断和细节特征。这种形式决定了他绘画风格的轻松和灵活。在这个意义上，虽然他保持了某些水墨画的结构，但他的绘画在现代语言上已经偏离了传统语言的范畴。画家笔下的女子如花似玉、婀娜多姿，也表现出了百无聊赖、悠闲自得的情态。尽管如此，他并没有着意去表现女性的媚态，而是通过画家主观而夸张地刻画女性形象，反射出男性控制或支配的欲望心理。实质上，在一些作品中，画家并没有直接描绘男性形象，而是被处理成了缺席，或将自我"置身其外"，这种手法不仅巧妙地暗示了男性的"存在"和凝视，而且再现了画家的社会批判动机。

当然，童振刚将艺术理解成直观表现的媒介，他认为艺术的终极问题就是"人"本身，人类情感、思想。因此，我们在作品中能领悟到画家对女性的真挚的爱，他做了清晰地表述："在我们的生活中，最热爱的母亲是女性，最宠爱的姐妹是女性，最依恋的爱人是女性。我们爱女性，爱她们世界中充盈的纯真、细腻、柔软，虽然平凡却渗透着激情，即使颓废也洋溢着希望。以艺术的方式所表达出来的女性世界仿佛是浓缩了一切的载体，更加鲜明地呈现出女性的特质！"

虽然童振刚恪守传统绘画的美学原则，但他主要按照自己的主观理解去分析和表现客观对象，他找到了适合个人经验和精神状态的表现方法。用笔触凝聚的形式再现了他的经验和直觉，是绘画语言和人的心理的反映。他没有追逐时髦的流行风格，而是根据个人的判断和需要来确立艺术语言。他并不是将概念和技法以理性来处理，而是有感性主导绘画的形式语言，因为理性容易导致绘画呆滞，而感性可以产生偶然、自由、灵气的特点。

童振刚的绘画在经过提炼和转化之后形成了新的惬意风格。形式内容无疑是对人无忧无虑和轻松愉快生活片断的隐喻。他大胆地抵抗了逻辑化的东西，不以任何对象化的东西作为唯一遵循艺术的法则，而在观念上主观想象，任意组合，修改创造。他的作品再现了差异性——阶层、空间、真实，又使这些概念范畴和内涵产生了微妙的错位，这些生活片断被画家主观地重新编造，以一种轻松的灰色向我们透露。

可以说，无论是女性的脸还是男性的脸，它都是人最集中和突出的形象特征和身份特征，也反映了人与人之间的差异性。任何脸部细微变化——喜、怒、哀、乐，都是人内在情感的外在表现形式，既富有友好和善良的表情，也有表里不一的假装、隐瞒、盘算、狡诈和虚伪的特点。因为一般情况下艺术家更愿意把注意点集中到关键性和复杂性的问题，用身体直接感触本质——解剖和批判人格分裂。因此，这些作品通过人的各种各样欲望的再现，揭示了社会操纵和编码。在作品中，画家并非否定自我，也不是否定了身份，而是在艺术观念上摆脱一切逻辑，力求建构"自我"与"他者"之间互动关系，这种关系则体现了在中国社会转型条件下人的生活统一性与精神分裂症的对立。其作品的意义就在于对人的内心异化的讽喻。

童振刚的作品就犹如人的眼球一样不间断地窥视或捕捉到不

同的女性和不同的"他者"的特征，他以人类学家的方法深入到许多画家"视而不见"的社会生活空间，重新编制社会图像，他的作品意义就在于诠释了社会空间——身体活动语境的空间生产。这种空间生产最终还是在社会关系中发生着作用。画家的绘画不仅再现了人的身份差异，而且批判了现代社会对人的异化。画家在主观上不仅要解放自我的主体性，而且积极参与和投入到他者的社会生活空间。在这二者的关系中，他直接体验到不同社会环境中他者承受的各种各样的困惑和压力。因此，

他的作品生动地表现了在社会空间和日常空间下人的矛盾心理和人的精神焦虑。这正是我喜欢童振刚的艺术魅力所在。

如果说国画大师傅抱石的"仕女"画以神化传说来表现画家个人的浪漫理想的话，那么，艺术家童振刚的"女性"绘画则是把握住了当今变化现实中人的精神状态，并以一种跨学科的方法整合了人与社会空间的关系——既包含宏观的社会背景又有近距离的微观分析。因此，在这个意义上，我们就会认识到他的绘画所蕴藏的鲜明个性和独特艺术价值。

……我认识童振刚的时间其实并不长，也就两年多，但彼此却早已经有了一种老朋友的感觉，这当然要归功于童振刚随和的为人。跟我所认识的一些喜欢板着脸扮酷的艺术家不同，童振刚不仅为人随和，而且性格也很慷慨，很大方。他喜欢结交各类朋友，对这些朋友们的各种要求也几乎是有求必应，尽量给予满足。所以，在他的画室里常常是高朋满坐，总不断有欢歌笑语传出。朋友们不仅喜欢他的人，喜欢他的画，也喜欢他给大家所营造出来的各种气氛。说来也有些奇怪，朋友们只要聚到他那里，苦恼也好，愁容也罢，很快便会被抛之脑后，继而被喝下的大瓶啤酒所消化，化为乌有。人概正是因为这样一些缘故，我经常会到童振刚的画室做客，有时并不一定是为了欣赏作品，而仅仅只是想起了端杯。如此常来常往，彼此自然也就有了一种陈酒酿造出来的老朋友感觉。

我经常想，童振刚在艺术上的成功，可能正是跟他的为人处事有些关系。有人说性格决定命运，这话不会太假。比如在艺术创作上，性格小气的人就不太可能创作出大气魄的作品来，而大气性格的人，即便是创作小品，也会有不同凡响的气势。回到童振刚，我们暂且不论童振刚这种乐善好施、广交朋友的性格给他带来行路的方便，单只说各行各业的朋友给他注入的思想信息，就足够丰富他的艺术，提高他的认识与修养。所以，他的艺术不是空中楼阁、飘渺烟云，虽然也并非现实记录、具象写实，但总有某些撩人神经末稍的情趣，渗透着他对人世间诸多细腻的生命体验。

其实，童振刚的内心跟金农的内心一样，也有着硕大的江湖。不过，与金农这位古时候的江南才子稍有些不同的是，童振刚这位出生在今天西域的中原子弟，当再次从平沙万里的西域回到江河纵横的中原内陆时，怀揣的已经不单纯只是一个江湖了，而是有了一种穿越江湖的文化寻根意识，带有了种种对于家园的美好遐想与憧憬。碧波荡漾的江湖毋宁说成了他信马由疆的自由领地，不如说恰好浇灌了他干旱的记忆，成为了他走近内心文化故乡的必游之途。正如童振刚热衷于美女题材的绘画，喜欢把目光投入

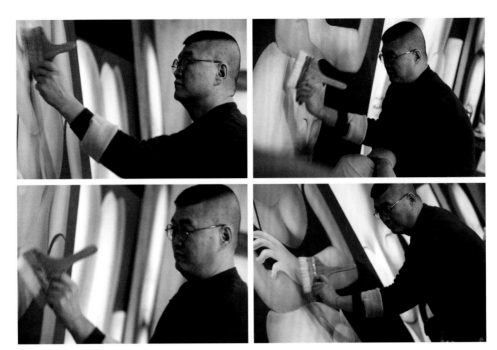

童振刚在工作室进行油画创作

到深闺后院一样。这也并非童振刚不爱江山爱美人，而是美人藏匿深处蕴含的那个温柔乡的文化母题，恰好构成了在外漂泊的游子们的价值牵挂。

　　早在两千多年前，中国的先哲孔子就曾提出过"游于艺"的美学思想。从某种意义上说，童振刚在后来自己的艺术人生上，回溯的正是这样一个古老而悠远的美学传统。他将这个传统不仅融会到自己的艺术创作当中，而且还内化成了自己的性格，从中一点点大化了自己的心境，使自己在远离了传统文化的故乡后，通过不断汲取生命中感人致深的价值元素，重新构架起了传统之于当代社会的一座心理桥梁。

　　这就是童振刚在人生与艺术上获得的自在，他以他神定气闲的精神状态，以及弹性十足的表现手段，深情地演绎出了一种当代"游世"的艺术风格。这就像他表现那些藏匿于深闺中的美女形象，笔端上的流露从来都不见肉欲横流，而只见情深意切的爱心一样。与当代艺坛前些年所盛行的"玩世"风格不同，以"游"作为价值主张，恰恰是对玩人、玩自己、玩社会等心理病态层次的一种超越，也是对复杂多变的现实环境的一种美学提升……

……在新近的蓝色系列中，画面中景物的布置与安排越来越趋于简单化，但色彩的运用却弥补了因景物的弱化所造成的单调——深蓝密布的层层天际，拖着厚重的身躯四处翻滚、涌动和消散化开；黛蓝色的群山也被拟人化地描绘成前赴后继的浪涛。作为远景的自然就这样充满了风云际会的生命律动，仿佛是当年凡·高笔下那螺旋式舞动的星空再现到中国的纸本绘画中。与充盈着大范围画幅的蓝色形成鲜明对比的是，作为前景的人物在描绘上的别样手法：人物面颊和眼帘上的红晕，唇角的胭脂，还有那似醒似睡的惺忪眼神，都使人们意识到眼前的作品，一如既往地保持了他此前对人的生存状态的强烈关注的倾向。所不同的是仕女或摩登女郎、青花瓷瓶、窗棂格扇等视觉元素所构建起来的凄艳之美，被大块朵颐般硕壮鲜花簇拥的男男女女、老老少少所代替。

天空是那样的蓝，那样的厚，那样的飞舞流变，充满了各种未知的变量，而被天空压到了底下的人物们，却显得那样的木讷，那样的慵懒，甚至还带有些许的困惑。这是一种视觉形式在同一幅画中形成的反差。可以肯定地说，艺术家的这种创作手法的背后有其难以言说的无意识指向。至少我们从画面中几种色彩的选择可以感受得到艺术家此前作品中反复出现的青花瓷器、胭脂仕女等意象的回光返照。然而这一次的复现，已经摆脱了此前作品尚未完全脱掉的文学性痕迹，整个画面以两三种简单的色调和富有冲击力的构图，将绘画自身的语言形式魅力充分展现了出来，而这种语言形式以自己的方式承载着这样的信息：这是一个混杂的物质主义盛行的时代，富足的生活背后仍然有一种难以言说的困惑。与此前通过画面上各种文字和图案元素的相互交融来刻画人物难以言状的脂粉气笼罩下的慵懒感不同的是，眼下的这批画更注重各种元素的简洁化和本原化，从而使人们在画面视觉形象的单一和简洁中体味图像自身的丰富含义——我们这个时代是希望与困惑并存的时代，看到这震撼人心的画面，每个人的心头定会涌上万千感慨。艺术家在这里以他特有的方式为我们塑造了一种当代人的肖像。这

种肖像触及到潜藏在当代人心灵世界深处的烦忧。而这种效果的形成如果单靠对象景物的真实再现和各种元素的编织是难以达到的。

童振刚笔下的这份慵懒和眩迷，似乎与他自己高大粗阔的外表反差很大，然而已有不少写者谈到了他与女性的渊源，使我们对他画面中透露的那份眩迷有了更深的体味。其实，画面中以女性为主要题材只不过是童振刚以画入世的契机，这一点在最近的绘画创作中表现得越来越明显。也就是说，童振刚以其自己的方式（总是女性人物形象居多）表达了对于当代社会生活的关注，而这种关注是经由他对绘画语言形式特有的敏感和理解来体现出来的……

童振刚在不锈钢雕塑创作中

……1996 年前后，我到美国留学，而他则到法国以及欧洲各地游历，我们失掉了联系。直到 2001 年，当他主持红场秀艺术空间，为年轻的前卫艺术家提供展示自己艺术才华的平台的时候，我们又在北京见面。这个时候的他已经在欧洲的主要城市呆了六年，在认真研究了马蒂斯、达利、毕加索等人的现代艺术之后，显然已经富有国际经验，眼界开阔，对日益国际化的社会现实，对当代艺术的理解和自己的艺术发展有了崭新的和更为清醒的认识。他说："我到海外受到的最大的视觉冲击就是他们的实用美术太厉害了，已经到了纯画家不知道该怎么面对实用美术（的地步）。高雅的纯艺术在 20 世纪，尤其是二战后就面临着巨大的考验。60 年代英美波普艺术家认为绘画如果不能对一个充满设计的时代做出反应，绘画就走不出新的格局"。这样的认识在急剧发展中的中国社会和正在重新寻找文化坐标的中国艺术界，显然是富有预见性的。他试图使自己的艺术在更高的层面上继续发展。游历欧洲的经历是他从现代水墨画家向当代艺术家转变的加速剂。

这时，也就是新世纪初的中国艺术界及其社会环境已经发生了很大的变化，当代艺术被中国社会和政府的艺术体制逐步接受，大众传媒也越来越关注当代艺术的发展，中国也越来越融入国际社会而且向工业化、城市化和信息化转变，当代艺术成为反映新的社会发展和现实生活的新艺术而得到社会的认同，所以，新媒介艺术、行为艺术、影像以及计算机网络艺术、艺术体制、策展人、实验艺术、双年展等成为描述中国艺术生态的关键词，年轻而新锐的艺术家不断涌现出来。这时的童振刚意识到这种变化，他已经不再希望自己是原来意义上的新水墨画家，而是向更为实验和当代艺术的方向上发展。作为一位对生活和艺术有深入体验的成熟艺术家，童振刚认识到，当代艺术的关键不在于非得使用新的媒介和惊世骇俗的行为艺术，而重要的是作品中体现出对当下的关注，以及所呈现出来的新鲜视觉语言，也许材料并不是最新的，甚至是传统的。这在国际当代艺术实践中是经常见到的。

这批最新的艺术探索之所以被称为《后台》系列，大概是因为艺术家在接触到今日消费社会中华丽光鲜的物质生活背后的许多精神问题。因为在经济发展之后，许多人丧失了人格理想和精神追求，

而整个国家的文化认同似乎也在转变之中，但许多人似乎也丧失了方向，经济高速发展带来的浮华与奢靡，无法掩盖人们内心深处在人文精神沉沦之后的迷失与荒芜。

当然艺术家不是社会学家，他只是用自己的眼光和艺术语言来传达自己对社会变化的关注，而他刻画的女子本身已经不是它们这一类人的问题，而是在她们身上所体现出来的种种新的社会现实的危机。所以在这一点上，童振刚的态度是从怀旧式的浪漫主义向现实主义过渡，用自己的艺术关注当下成为他的自觉，尽管语言还是水墨，是被解构的掺入了新的形式因素的水墨。这个时候，虽然很多同龄的水墨画家仍然坚守着纯粹水墨的阵地。他已经从水墨中走出，水墨画和传统的审美训练成为深藏在内省的素养，升华为一种文化积淀留存在他的血液中。对于他而言，水墨是一座通向更为宽广的艺术世界的桥梁，而不是划地为牢的枷锁（当然，我也很敬重那些依然专注于纯粹水墨艺术，甚至传统艺术的画家，因为这样艺术才会有一个多样性的良好生态）。他在法国尝试了各类版画艺术，也同样创作了大量现代瓷绘艺术，同时他的平面绘画也开始使用画布、丙烯颜料，甚至酝酿着大型的装置艺术等。

水墨不是原来的水墨，女人也不是原来的女人，世界也不是原来的世界，童振刚的艺术也更不是原来的那种艺术。他的艺术在不断的衍生之中展开自己的意义……

TONG ZHEN GANG

童 振 刚

WORKS

作品

NO.1
200cm×70cm
布面油画
Oil On Canvas
2007 年

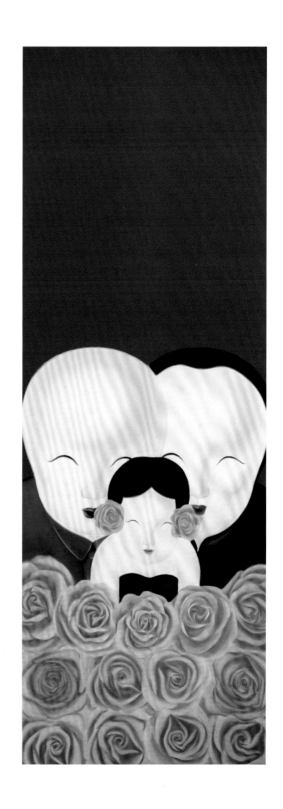

NO.2
200cm×70cm
布面油画
Oil On Canvas
2007 年

NO.3
120cm×60cm
布面油画
Oil On Canvas
2007年

NO.4
120cm×60cm
布面油画
Oil On Canvas
2007年

N0.5
200cm×70cm
布面油画
Oil On Canvas
2006 年

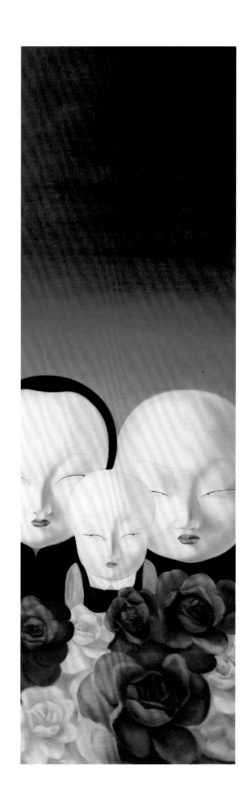

N0.6
250cm×80cm
布面油画
Oil On Canvas
2006年

NO.7
120cm×60cm
布面油画
Oil On Canvas
2006年

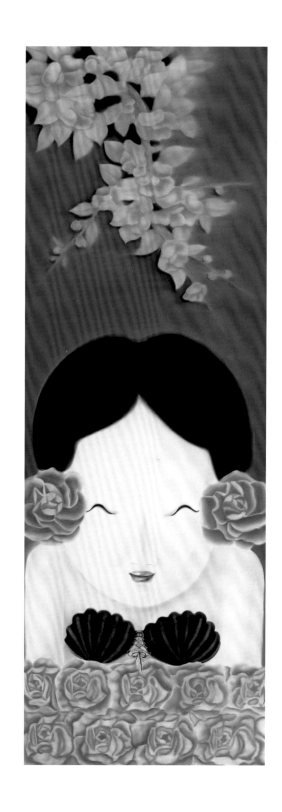

NO.8
200cm×70cm
布面油画
Oil On Canvas
2007年

NO.9　300cm×200cm　布面油画　Oil On Canvas　2007年

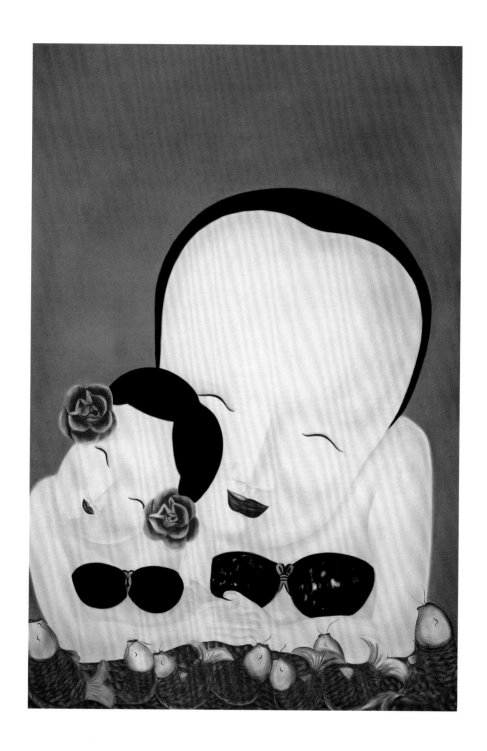

NO.10　300cm×200cm　布面油画　Oil On Canvas　2007年

NO.11
120cm×60cm
布面油画
Oil On Canvas
2006年

N0.12
120cm×60cm
布面油画
Oil On Canvas
2006年

N0.13　160cm×300cm　布面油画　Oil on canvas　2006 年
(N0.13　局部　P81 ～ P82)

N0.14　160cm×300cm　布面油画　Oil on canvas　2006年
(N0.14　局部　P84～P85)

N0.15
70cm×200cm
布面油画
Oil On Canvas
2006年

NO.16
120cm×60cm
布面油画
Oil On Canvas
2006年

NO.17
200cm×70cm
布面油画
Oil On Canvas
2007年

NO.18
200cm×70cm
布面油画
Oil On Canvas
2007年

NO.19
200cm×70cm
布面油画
Oil On Canvas
2007年

NO.20
200cm×70cm
布面油画
Oil On Canvas
2007年

NO.21
200cm×70cm
布面油画
Oil On Canvas
2006年

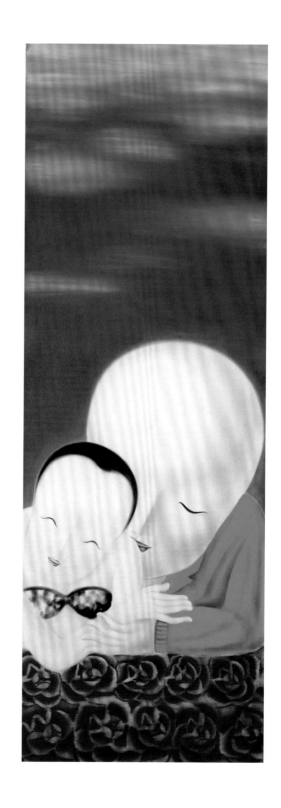

NO.22
200cm×70cm
布面油画
Oil On Canvas
2006年

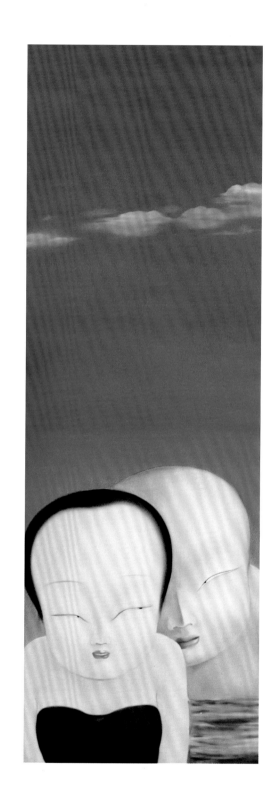

NO.23
200cm×70cm
布面油画
Oil On Canvas
2006年

No.24
300cm×200cm
布面油画
Oil On Canvas
2007年

N0.25　160cm×300cm　布面油画　Oil on canvas　2006 年
(N0.25 局部 P101 ～ P102)

NO.26 200cm×100cm 布面油画 Oil on canvas 2006年
(NO.26 局部 P104～P105)

N0.27
160cm×300cm
布面油画
Oil On Canvas
2006年

NO.28
160cm×80cm
布面油画
Oil On Canvas
2007年

N0.29
160cm×80cm
布面油画
Oil On Canvas
2007年

NO.30
200cm×70cm
布面油画
Oil On Canvas
2007年

N0.31
200cm×70cm
布面油画
Oil On Canvas
2007年

N0.32
300cm×200cm
布面油画
Oil On Canvas
2007年

NO.33
250cm×80cm
布面油画
Oil On Canvas
2006年

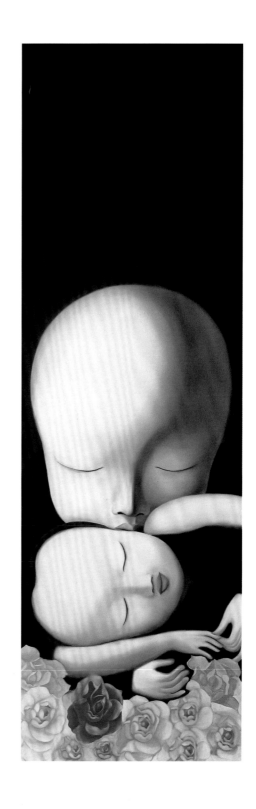

N0.34
250cm×80cm
布面油画
Oil On Canvas
2006年

NO.35
200cm×100cm
布面油画
Oil On Canvas
2008年

NO.36
160cm×70cm
布面油画
Oil On Canvas
2006年

NO.37
70cm×200cm
布面油画
Oil On Canvas
2006年

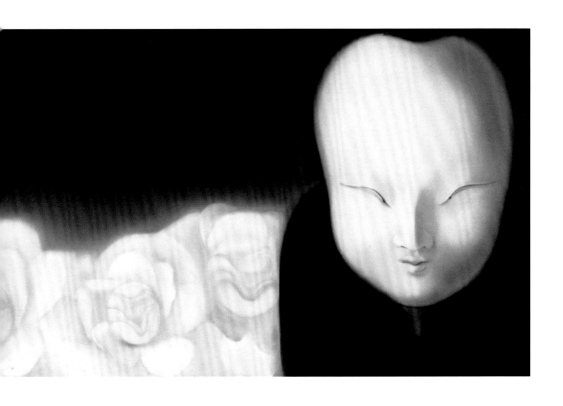

NO.38　200cm×300cm　布面油画　Oil on canvas　2007年
(NO.38　局部　P121～P122)

NO.39　200cm×300cm　布面油画　Oil on canvas　2007年
(NO.39　局部　P124～P125)

No.40
200cm×70cm
布面油画
Oil On Canvas
2006年

N0.41~46
160cm×70cm×6
布面油画
Oil On Canvas
2006年

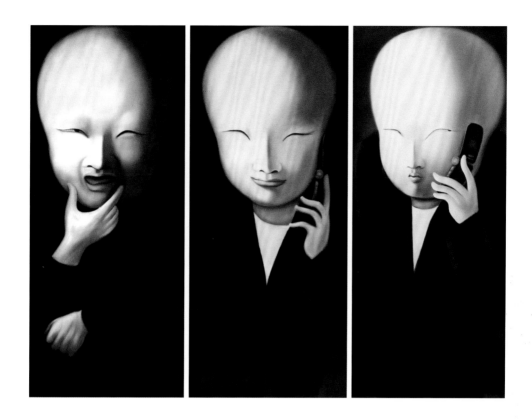

NO.47
250cm×80cm
布面油画
Oil On Canvas
2006年

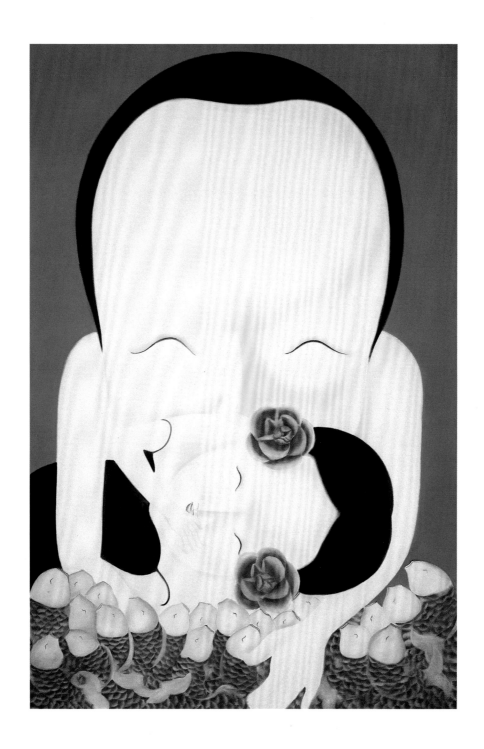

NO.48　300cm×200cm　布面油画　Oil On Canvas　2007年

NO.49　300cm×200cm　布面油画　Oil On Canvas　2007年

NO.50
300cm×160cm
布面油画
Oil On Canvas
2006年

NO.51
300cm×160cm
布面油画
Oil On Canvas
2006年

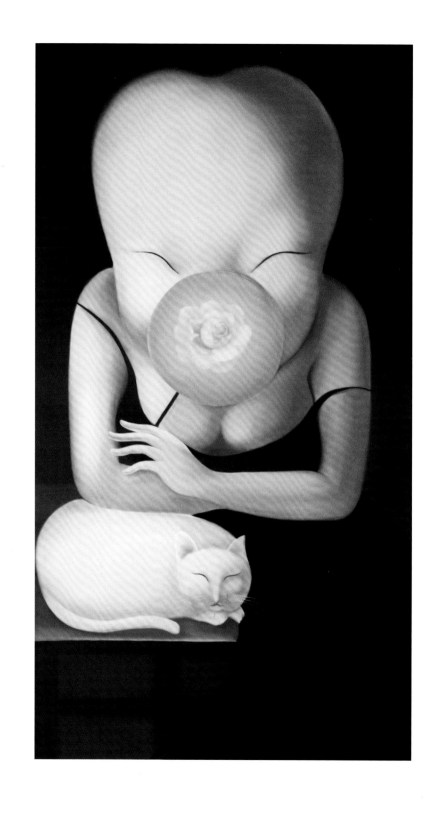

N0.52
180cm×180cm
布面油画
Oil On Canvas
2007年

NO.53　200cm×300cm　布面油画　Oil on canvas　2007 年
(NO.53　局部　P141～P142)

NO.54　200cm×300cm　布面油画　Oil on canvas　2007年
(NO.54　局部　P144～P145)

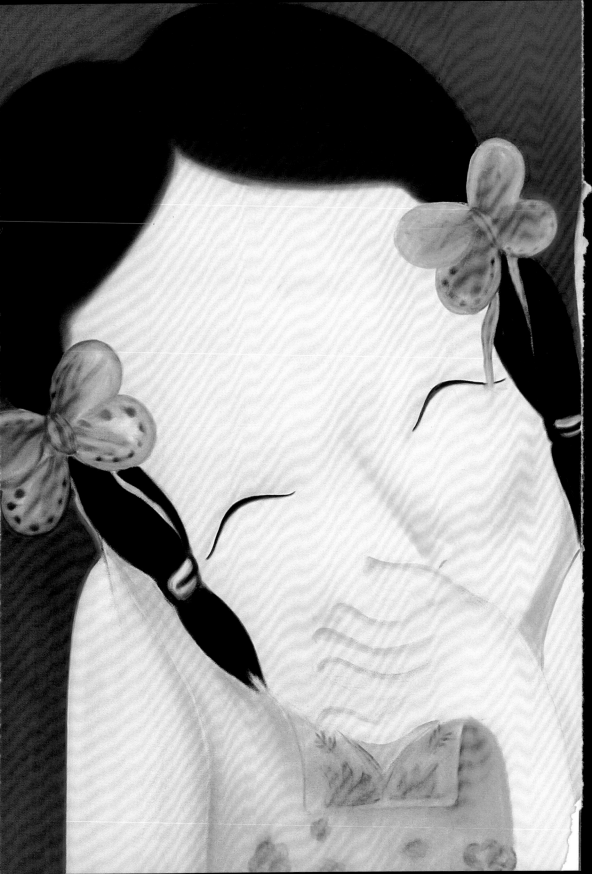

NO.55
250cm×70cm
布面油画
Oil On Canvas
2008年

NO.56
200cm×70cm
布面油画
Oil On Canvas
2008年

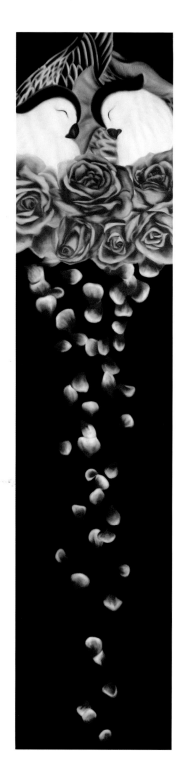

N0.57
250cm×70cm
布面油画
Oil On Canvas
2008年

N0.58
250cm×70cm
布面油画
Oil On Canvas
2008年

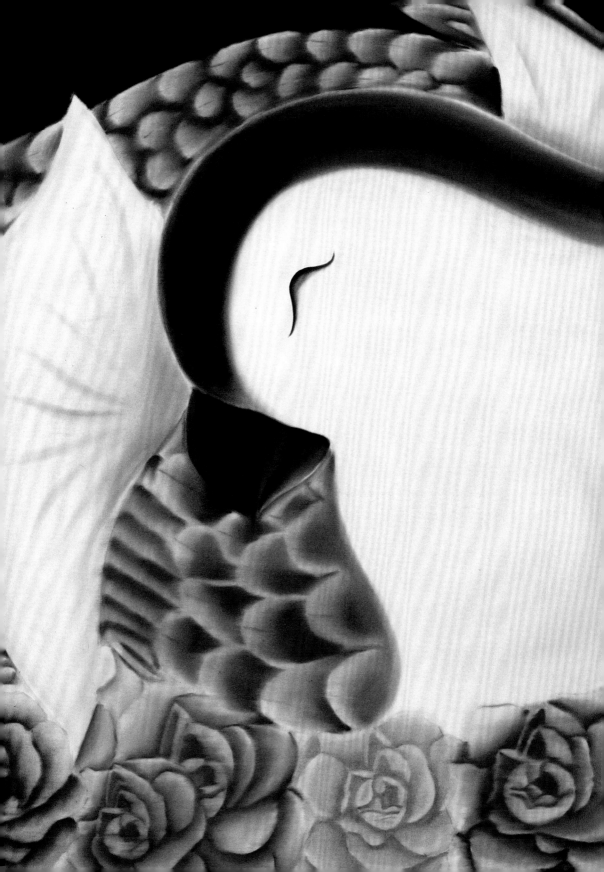

N0.59
160cm×300cm
布面油画
Oil On Canvas
2007年

NO.60
120cm×60cm
布面油画
Oil On Canvas
2007年

N0.61
120cm×60cm
布面油画
Oil On Canvas
2007年

NO.62
120cm×60cm
布面油画
Oil On Canvas
2007年

NO.63
120cm×60cm
布面油画
Oil On Canvas
2007年

NO.64
120cm×60cm
布面油画
Oil On Canvas
2007年

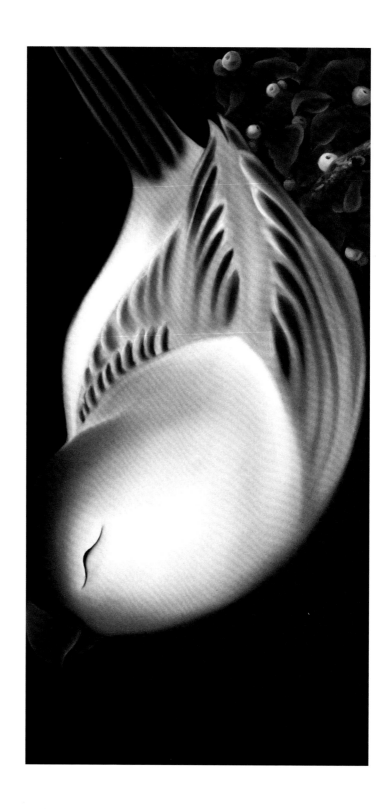

N0.65
120cm×60cm
布面油画
Oil On Canvas
2007年

N0.66
120cm×60cm
布面油画
Oil On Canvas
2007年

N0.67
160cm×80cm
布面油画
Oil On Canvas
2007年

NO.68
160cm×80cm
布面油画
Oil On Canvas
2007年

NO.69
160cm×80cm
布面油画
Oil On Canvas
2007年

NO.70
160cm×80cm
布面油画
Oil On Canvas
2007年

NO.71
160cm×80cm
布面油画
Oil On Canvas
2007年

32cm×15cm×15cm
树脂
Resin
2007年

32cm×15cm×15cm
树脂
Resin
2007年

32cm×15cm×15cm
树脂
Resin
2007年

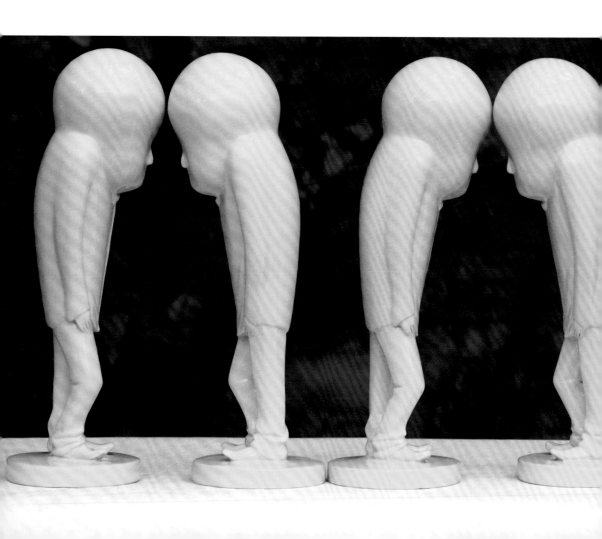

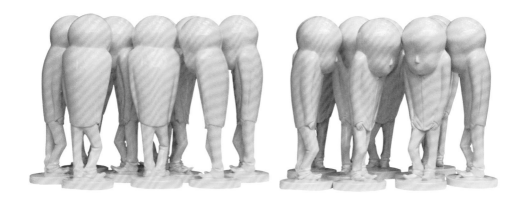

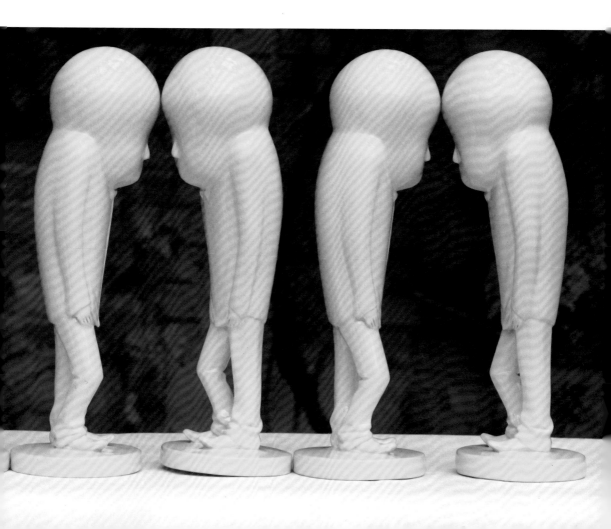

32cm×15cm×15cm
树脂
Resin
2007年

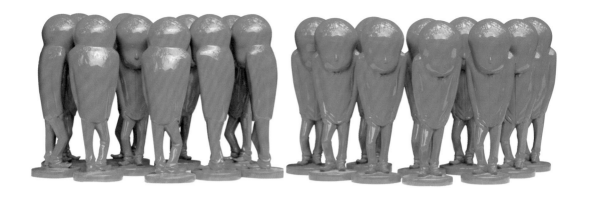

32cm×15cm×15cm
树脂
Resin
2007年

40cm×30cm×15cm
树脂 不锈钢 大理石
Resin Stainless Steel Marble
2007年(P178~P179)

130cm×80cm×80cm　不锈钢　Stainless Steel　2007年

105cm×50cm×70cm　不锈钢 大理石　Stainless Steel Marble　2007年

105cm×50cm×70cm
不锈钢 大理石
Stainless Steel Marble
2007年

图书在版编目（CIP）数据

童振刚／食指，许江主编.－石家庄：河北教育出版社，
2008.5

（中国当代艺术家画传.第2辑）

ISBN 978-7-5434-7022-4

I.童… II.①食… ②许… III.童振刚－传记－画册
IV.K825.72-64

中国版本图书馆CIP数据核字（2008）第069249号

出版发行／河北教育出版社

（石家庄市联盟路705号，邮编 050061）

出　　品／北京颂雅风文化艺术中心

www.songyafeng.net

北京市朝阳区北苑路172号3号楼2层，邮编 100101

电话 010-84853332

编辑总监／刘　峥

文字总监／郑一奇

责任编辑／张天漫

编辑助理／杨　健

设　　计／张　凯

印　　制／北京方嘉彩色印刷有限责任公司

开　　本／787×1092　1/16　12印张

出版日期／2008年8月第1版　第1次印刷

书　　号／ISBN 978-7-5434-7022-4

定　　价／580.00元（全十册）